中等职业学校汽车运用与维修专业教学用书
技工院校汽车驾驶专业教材

Qiche Anquan Jiashi Jishu
汽车安全驾驶技术

(第3版)

范 立 编著

人民交通出版社股份有限公司
北 京

内 容 提 要

本书依据2021年12月公安部发布的《机动车驾驶证申领和使用规定》《道路交通安全违法行为记分管理办法》《机动车登记规定》，2022年3月交通运输部与公安部发布的《机动车驾驶培训教学与考试大纲》修订而成。主要内容包括：汽车使用常识、道路交通法律法规相关知识、基础驾驶操作、场地与场内道路驾驶、道路驾驶技能、安全文明驾驶常识等，共计6个单元。书中插入大量的情景漫画图和动画、视频等数字资源，便于读者理解和掌握所学内容。

本书可作为中等职业学校、技工院校汽车类相关专业的教材，亦可供汽车驾驶教练员、驾驶学员以及私家车驾驶者阅读参考。

图书在版编目(CIP)数据

汽车安全驾驶技术/范立编著. —3版. —北京：
人民交通出版社股份有限公司,2022.4 (2024.11重印)
ISBN 978-7-114-17467-4

Ⅰ.①汽… Ⅱ.①范… Ⅲ.①汽车驾驶—安全技术—中等专业学校—教材 Ⅳ.①U471.15

中国版本图书馆CIP数据核字(2021)第133885号

书　　名：	汽车安全驾驶技术(第3版)
著 作 者：	范　立
责任编辑：	翁志新　李　良
责任校对：	孙国靖　魏佳宁
责任印制：	刘高彤
出版发行：	人民交通出版社股份有限公司
地　　址：	(100011)北京市朝阳区安定门外外馆斜街3号
网　　址：	http://www.ccpcl.com.cn
销售电话：	(010)85285911
总 经 销：	人民交通出版社股份有限公司发行部
经　　销：	各地新华书店
印　　刷：	北京武英文博科技有限公司
开　　本：	787×1092　1/16
印　　张：	12.5
字　　数：	286千
版　　次：	2010年6月　第1版
	2015年2月　第2版
	2022年4月　第3版
印　　次：	2024年11月　第3版　第3次印刷　累计第16次印刷
书　　号：	ISBN 978-7-114-17467-4
定　　价：	39.00元

(有印刷、装订质量问题的图书，由本公司负责调换)

第3版前言

本教材是中等职业学校汽车运用与维修专业教学用书,教材自2010年第1版出版以来,以其结合生产实际、体现以人为本的现代理念、注重对学生创新能力的培养和具有较强针对性等特点,受到了广大职业院校师生的欢迎。

为贯彻《教育部关于深化职业教育教学改革全面提高人才培养质量的若干意见》提出的"对接最新职业标准、行业标准和岗位规范,紧贴岗位实际工作过程,调整课程结构,更新课程内容,深化多种模式的课程改革",响应国家对于汽车运用技术领域高素质专业实用人才培养的需要,更好地贴近汽车运用与维修专业实际教学目标,故人民交通出版社股份有限公司对本套教材进行了修订。本次修订以《中等职业学校专业教学标准(试行)》为标准,以职业教育人才培养模式和宗旨为导向,注重实践能力的培养,吸收教材使用院校师生的意见和建议,经过与编者的认真研究和讨论,确定了修订内容。

本书是依据新修订的《中华人民共和国道路交通安全法》、2022年3月交通运输部与公安部联合发布的《机动车驾驶培训教学与考试大纲》,同时参照2021年12月公安部发布的《机动车驾驶申领和使用规定》《道路交通安全违法行为记分管理办法》《机动车登记规定》的细则,对全书的内容进行修订整理而成。本书由范立编著,教材主要内容包括:汽车使用常识、道路交通法律法规相关知识、基础驾驶操作、场地与场内道路驾驶、道路驾驶技能、安全文明驾驶常识,共计6个单元。书中插入大量的情景漫画图,还增配了动画和视频等数字资源(扫二维码可观看),便于读者理解和掌握。配套的电子课件也做了相应修订。

希望广大的汽车驾驶人员一生都以"安全第一、珍爱生命"为准则,平安出行。

编　者
2022年4月

CONTENTS 目录

单元1 汽车使用常识 ... 1
- 课题一 汽车总体构造 ... 1
- 课题二 汽车行驶的基本原理 ... 6
- 课题三 汽车使用装置 ... 13
- 课题四 汽车日常维护 ... 24

单元2 道路交通法律法规相关知识 ... 29
- 课题一 道路交通安全法律、法规和规章 ... 29
- 课题二 道路通行条件及通行规定 ... 41
- 课题三 道路交通安全违法行为及处罚 ... 69
- 课题四 道路交通事故处理相关规定 ... 72
- 课题五 客车有关规定 ... 74
- 课题六 货车有关规定 ... 81

单元3 基础驾驶操作 ... 90
- 课题一 上下车动作与上车后调整 ... 90
- 课题二 操纵装置的规范操作方法 ... 94
- 课题三 起步、变速、停车、倒车 ... 102

单元4 场地与场内道路驾驶 ... 107
- 课题一 倒车入库 ... 107
- 课题二 坡道定点停车和起步 ... 109
- 课题三 侧方停车 ... 111
- 课题四 曲线行驶 ... 112
- 课题五 直角转弯 ... 114
- 课题六 侧方移位、倒车入库 ... 116
- 课题七 牵引车场地驾驶 ... 119
- 课题八 通过单边桥 ... 120

课题九　通过限宽门	122
课题十　窄路掉头	124
课题十一　模拟高速公路行驶	126
课题十二　模拟连续急弯山区路行驶	127
课题十三　模拟隧道行驶	127
课题十四　模拟雨(雾)天行驶	128
课题十五　模拟湿滑道路行驶	129
课题十六　模拟紧急情况处置	129

单元 5　道路驾驶技能　131

课题一　起步、换挡、直线行驶	131
课题二　会车、超车、让车	137
课题三　通过路口、人行横道线、学校区域、公共汽车站	139
课题四　掉头、倒车、靠边停车	141
课题五　夜间行车	144

单元 6　安全文明驾驶常识　146

课题一　安全行车	146
课题二　文明行车	156
课题三　道路交通信号在交通场景中的综合应用	161
课题四　恶劣气象和复杂道路条件下安全驾驶	166
课题五　紧急情况下避险	181
课题六　典型事故案例分析	185
课题七　交通事故救护及常见危险化学品处置	190

附录　道路交通标志标线　192

参考文献　193

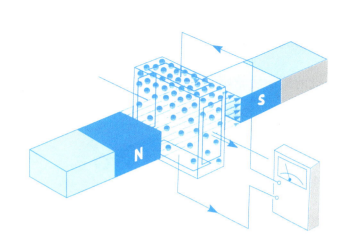

单元 1

汽车使用常识

课题一　汽车总体构造

汽车主要由发动机、底盘、车身和电气设备组成。发动机产生的动力,通过底盘传动系统传给驱动轮驱动汽车行驶。汽车传动系统由离合器、变速器、传动轴、差速器和驱动轮组成(图1-1)。

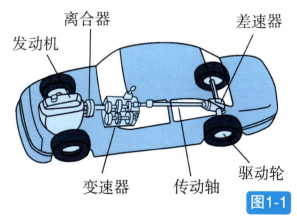

图1-1

根据发动机和驱动轮的位置,传动系统在汽车上的布置形式分为:发动机前置后轮驱动(FR)、发动机前置前轮驱动(FF)、发动机后置后轮驱动(RR)、发动

1

机前置前后轮驱动(4WD)(图1-2)。

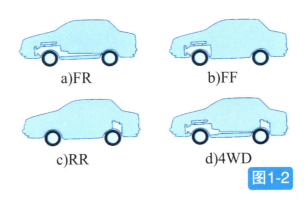

图1-2

一、发动机

发动机是汽车的动力装置,常见的发动机有汽油发动机和柴油发动机。发动机的作用是将燃料燃烧的热能转变为机械能。汽油发动机(图1-3)由曲柄连杆机构、配气机构、燃料供给系统、冷却系统、润滑系统、点火系统、起动系统组成。柴油发动机汽缸燃烧是压燃式着火方式,没有点火系统。

1. 曲柄连杆机构

曲柄连杆机构的作用是把燃料燃烧后气体作用在活塞顶上的膨胀压力转为曲轴旋转的转矩,不断输出动力(图1-4)。

2. 配气机构

配气机构的作用是按照发动机各缸工作顺序和工作循环的要求,定时开启和关闭进排气门(图1-5)。

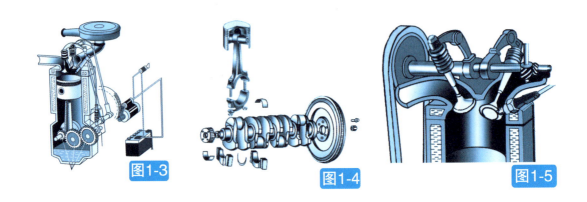

图1-3　图1-4　图1-5

单元1　汽车使用常识

3. 燃料供给系统

燃料供给系统的作用是根据发动机不同工况的要求,将洁净的燃油与空气混合成适当浓度的混合气,按一定数量供入汽缸,经点燃或压燃后,将废气排出(图1-6)。

4. 冷却系统

水冷式发动机的冷却系统的作用是靠冷却液循环对发动机进行适当冷却,防止发动机过热,使发动机保持在最适当温度状态下工作(图1-7)。

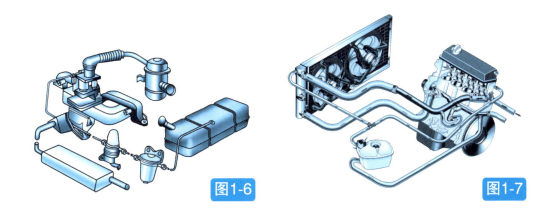

图1-6　　　　图1-7

5. 润滑系统

润滑系统的基本作用是以一定的压力,将清洁的润滑油不断地送往各零件的摩擦表面,使发动机各部件都能正常工作(图1-8)。

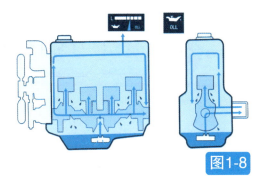

图1-8

6. 点火系统

汽油发动机的点火系统的作用是将蓄电池或发电机供给的低压电流变成高压电流,并根据发动机各汽缸的工作顺序和点火时间要求,适时、准确地点燃各汽缸的可燃混合气,使发动机运转(图1-9)。

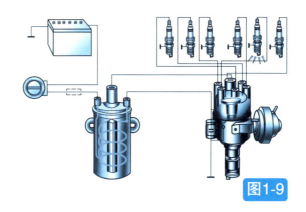
图1-9

二、底盘

底盘是支撑、安装汽车发动机及其部件、总成,形成汽车的整体造型,接收发动机输出的动力,使汽车运动并正常行驶的装置。底盘由传动系统、行驶系统、转向系统和制动系统组成。

1. 传动系统

汽车传动系统的作用是将发动机输出的动力依次经离合器、变速器、万向传动装置、主减速器、差速器和半轴传给驱动轮(图1-10)。

离合器踏板是离合器的操纵装置,用以控制发动机与传动系统动力的接合与分离。踏下离合器踏板,离合器分离;抬起离合器踏板,离合器接合(图1-11)。

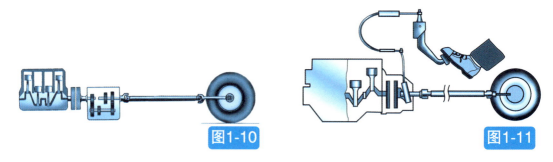
图1-10　　图1-11

变速器的作用是改变车辆的行驶速度、转矩、方向和中断动力传递,变速器操纵杆是变速器的操纵装置(图1-12)。

2. 行驶系统

行驶系统的作用是把汽车构成一个整体并支撑汽车总质量,将传动系统传来的转矩转化为汽车行驶的驱动力,承受并传递路面对车轮的各种反作用力及

单元1 汽车使用常识

力矩,减振缓冲,与转向系统配合控制汽车的行驶方向(图1-13)。

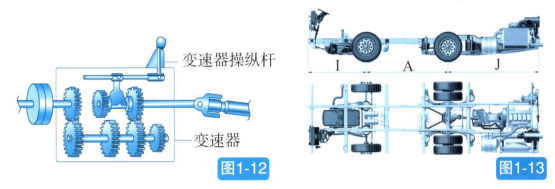

图1-12

图1-13

3. 转向系统

转向系统的作用是通过驾驶人转动转向盘来改变或恢复车辆行驶方向。转向盘是操纵汽车行驶方向的装置,用以控制转向轮实现车辆的转向(图1-14)。

4. 制动系统

制动系统的作用是根据需要使汽车减速或在最短的距离内停车;并保证汽车停放可靠,不自动溜动。

行车制动装置的作用是使车辆减速或停车,制动踏板是行车制动器的操纵装置。踏下踏板,制动器起作用;放松踏板,解除制动(图1-15)。

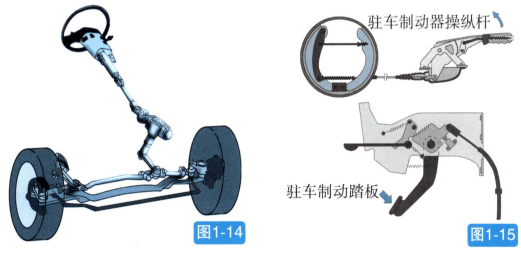

图1-14

图1-15

驻车制动装置的主要作用是使车停止时保持稳定可靠,还可在坡道起步时起辅助作用。拉起驻车制动器操纵杆或踏下踏板式驻车制动器踏板,制动器起作用;放松操纵杆或抬起驻车制动踏板,解除制动(图1-16)。

防抱死制动系统(ABS)可以有效防止紧急制动时车轮抱死,并最大限度地发挥制动器的效能。

5

汽车紧急制动时,防抱死制动系统(ABS)可防止车轮抱死,在提供最大制动力的同时能使前轮保持转向能力(图1-16)。车辆紧急制动时,可用力踏制动踏板,但在紧急制动的同时转向,车轮还可能侧滑。另外,在冰雪路面上紧急制动时,防抱死制动系统(ABS)无法有效缩短制动距离(图1-17)。

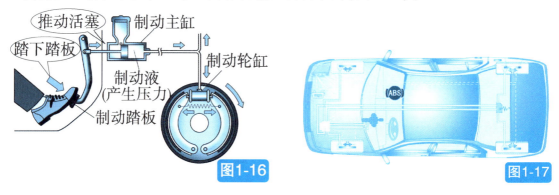

图1-16　　　　　　　　　　图1-17

三、车身和电气设备

1. 车身

车身安装在底盘的车架上,供驾驶人、旅客乘坐或装载货物(图1-18)。

2. 电气设备

电气设备由电源和用电设备两大部分组成(图1-19)。

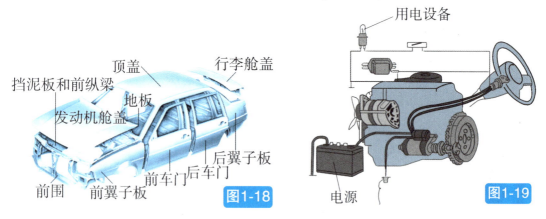

图1-18　　　　　　　　　　图1-19

课题二　汽车行驶的基本原理

汽车作为生活和运输的主要交通工具,具有机动、灵活、快捷、越野性强等特

单元1 汽车使用常识

点,驾驶汽车要达到"安全、迅速、经济、舒适"的要求,就需要掌握一定的汽车行驶的基本原理知识,以更好地实践驾驶。

一、汽车行驶的作用力

汽车从起步进入正常行驶一直到停车的整个过程中,都要受到多种力的作用(图1-20),而每一种力的作用,都将决定和影响着汽车的运动状态。

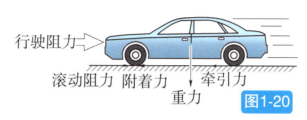

图1-20

1. 汽车的牵引力

汽车从静止到起步,以及在行驶中保持一定速度或加速度,都是通过发动机输出的转矩经传动系统传至驱动轮,使驱动轮轮胎支撑面上产生沿地面向后的作用力,同时地面给驱动轮一个反作用力克服阻碍行驶的各种阻力,对汽车施加一个与行驶方向相同的推动力,推动汽车前进。这个推动汽车行驶的力称为牵引力(图1-21)。

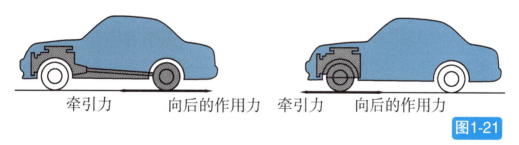

图1-21

2. 汽车的滚动阻力

滚动阻力是车轮在地面上滚动时所产生的阻力(包括轮胎变形所引起的阻力、路面变形所引起的阻力、路面不平整所引起的冲击阻力、轮毂轴承的摩擦力)的总称(图1-22)。

整个汽车的滚动阻力是各车轮滚动阻力之和,作用在左、右车轮上的阻力一般是相等的,而前、后轮的滚动阻力则有所差别。

3. 汽车的空气阻力

汽车行驶时,车身与空气形成相对运动,空气作用在汽车上与其行驶方向相反的分力,称为空气阻力(图1-23)。

7

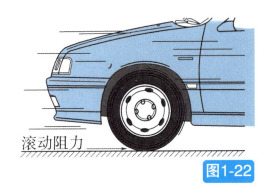

图1-22

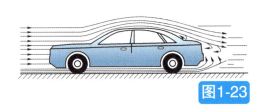

图1-23

4. 汽车的上坡阻力

汽车上坡行驶时,整车重力分为两个分力:一个分力垂直于路面;另一个分力则沿坡道与路面平行,方向与汽车行驶方向相反,阻碍上坡行驶,这个分力就是坡道阻力(图1-24)。

5. 汽车的加速阻力

汽车加速行驶时,需要克服其质量加速运动时产生的惯性力,称为加速阻力(图1-25)。

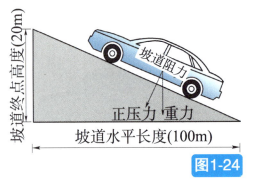

图1-24

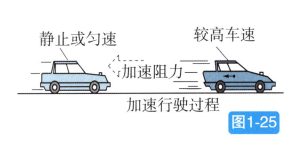

图1-25

6. 汽车的附着力

汽车附着力是指路面对轮胎切向反作用力的极限值,简单地说就是抵抗车轮在路面上产生滑动的能力(图1-26)。

7. 汽车的行驶条件

汽车行驶的条件是牵引力必须大于或等于行驶总阻力(滚动阻力、上坡阻力和空气阻力之和),但这不是汽车行驶的充分条件。汽车行驶除受驱动条件制约以外,还受轮胎与地面附着条件的限制,牵引力只有在驱动轮与地面不发生滑转时才能起到作用(图1-27)。汽车行驶的充分必要条件:牵引力必须大于或等于各阻力之和;牵引力的最大值要受附着力的限制。

单元1 汽车使用常识

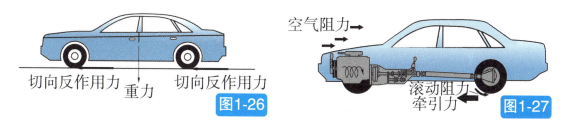

图1-26 图1-27

二、汽车的使用性能

汽车的使用性能是指汽车能适应使用条件而发挥最大工作效能的能力。

1. 汽车的动力性

汽车的动力性主要是指汽车在良好路面上直线行驶时,所能达到的最高速度及其加速能力。通常用汽车的加速性能、最高车速和最大爬坡能力来表示汽车的动力性。

(1)汽车加速性能主要分原地起步加速性能和超车加速性能。加速性能常用距离—时间、速度—时间或加速度—时间表示。

①原地起步加速性能可用汽车由静止状态用最低挡起步后,以最大加速度逐级连续换至最高挡后到达某一车速所需的时间来衡量(图1-28)。

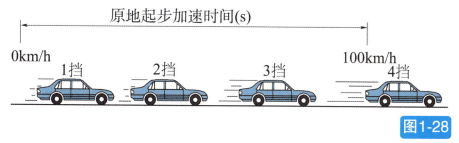

图1-28

②超车加速性能可用汽车用最高挡或次高挡从某一中间车速全力加速到某一高速时所需的时间来衡量(图1-29)。

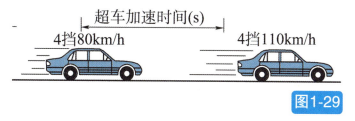

图1-29

(2)最高车速是指无风条件下,汽车在平直良好的路面上行驶所能达到的最大行驶速度(图1-30)。

图1-30

（3）最大爬坡能力可用汽车满载时，在干燥硬实的良好路面上使用最低挡行驶所能爬上的最大坡度来衡量。（图1-31）。

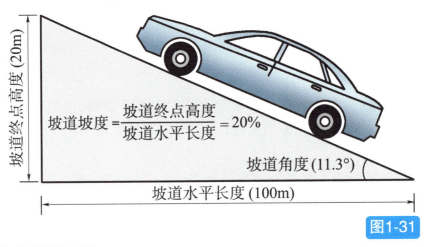

图1-31

2. 汽车的稳定性

汽车的稳定性是指汽车抵抗外界干扰保持行驶稳定而不发生倾覆和侧滑的能力。稳定性包括纵向稳定性和横向稳定性。

（1）纵向稳定性就是指汽车抵抗绕前、后轴倾覆的能力（图1-32）。

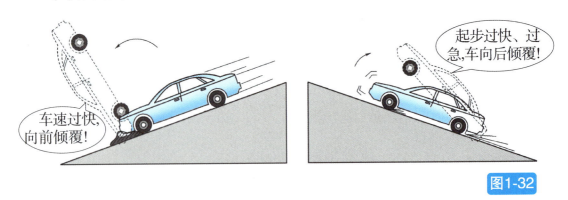

图1-32

（2）横向稳定性就是指汽车抵抗横向倾覆和向左（向右）侧滑的能力（图1-33）。

3. 汽车的制动性

汽车的制动性是指汽车在行驶中能强制地降低行驶速度，在下坡时能控制汽车保持稳定的安全车速,并能可靠地使汽车停住的能力(图 1-34)。

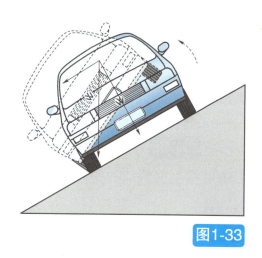

图1-33

图1-34

（1）制动减速度是指在制动过程中,加速度为负值,汽车减速行驶。

（2）制动时间是指制动时从踏下制动踏板开始到车辆完全停住所用的时间。

（3）制动距离是指在一定初速度下,从踏下制动踏板开始到车辆停住所驶过的距离。

4. 汽车的通过性

汽车的通过性是指汽车在额定装载质量条件下,能以足够的平均速度通过差路、无路地段和克服障碍的能力。影响汽车通过性的主要技术指标有汽车最小离地间隙、纵向与横向通过半径、最小转弯半径、接近角与离去角等。

（1）最小离地间隙是指汽车在满载且在轮胎气压标准的条件下,除车轮以外的最低点与地面之间的距离(图 1-35)。

（2）纵向通过半径是指过汽车前后轮之间最低点与前、后两轮外圆相切的圆弧半径(图 1-36)。

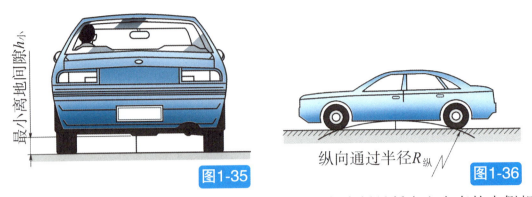

图1-35　　　　　　　　　图1-36

(3) 横向通过半径是指过汽车前桥或后桥且与车桥最低点左右车轮内侧相切的圆弧半径(图1-37)。

(4) 最小转弯半径是指汽车转向过程中,当转向盘向左或向右转至极限位置时,外侧转向轮行驶的轮迹到转向中心的距离(图1-38)。

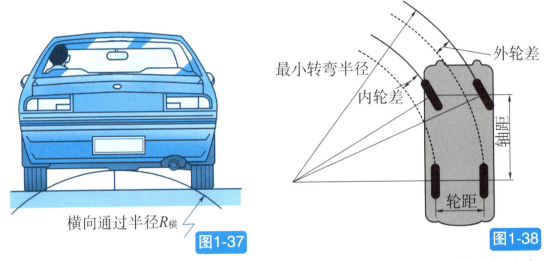

图1-37　　　　　　　　　图1-38

(5) 接近角是指从汽车前端最低点向前轮外圆作切线与地面构成的夹角(图1-39)。

(6) 离去角是指从汽车后端最低点向后轮外圆作切线与地面构成的夹角(图1-40)。

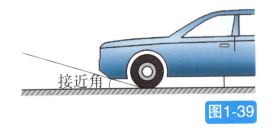 

图1-39　　　　　　　　　图1-40

5. 汽车行驶的平顺性

汽车行驶的平顺性是指汽车在一定速度行驶时,能保证驾乘人员不会因车身振动而引起不舒服和疲劳的感觉,以及保持所运货物完整无损的性能(图1-41)。

图1-41

提高汽车行驶平顺性的有效方法:维护好减振装置;合理使用轮胎,行驶中根据道路条件正确选择行驶路线;适时控制车速,尽量减少车辆振动。

课题三 汽车使用装置

一、常见操纵装置

1. 转向盘

操纵转向盘时,双手握在转向盘两侧盘缘(左手握在时钟9点至10点间的位置,右手握在时钟2点至3点间的位置),食指到小指四个指头由内向外自然地握住,拇指自然按住转向盘。

2. 踏板

汽车踏板有离合器踏板(图1-42)、制动踏板(图1-43)、加速踏板(图1-44)。

图1-42

图1-43

图1-44

> 驾驶机动车在滑湿路面制动过程中,发现车辆偏离方向时,应及时松抬踏制动踏板,继续踏制动踏板,会导致车辆侧滑,甚至侧翻。驾驶机动车行驶至颠簸路面时,要提前挂入低速挡,缓抬加速踏板,控制车辆匀速行驶,可以减轻车辆的颠簸。驾驶机动车行至上陡坡路段时,为了保证车辆有足够的动力爬坡,需要提前换入低速挡加速上坡。

3. 点火开关

点火开关用于接通或切断起动机、点火和电器线路。点火开关一般设有0或LOCK、Ⅰ或ACC、Ⅱ或ON、Ⅲ或START四个位置(图1-45)。0或LOCK位置时发动机熄火,拔出钥匙转向盘会锁住;Ⅰ或ACC位置时发动机关闭,其他车用电器可正常使用;Ⅱ或ON位置时发动机工作;Ⅲ或START位置时起动机起动。

4. 灯光、信号组合开关

灯光、信号组合开关可控制前照灯(远光灯和近光灯)、转向灯、示廓灯、雾灯和信号灯光(图1-46~图1-49)。打开开关,旋转到标识灯光的图案,相应的灯点亮。将开关向上提,右转向灯亮。将开关向下拉,左转向灯亮。

图1-45

图1-46

图1-47

图1-48

单元1　汽车使用常识

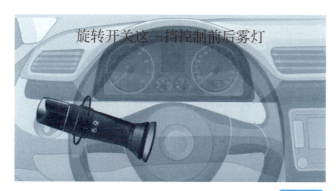

图1-49

5. 刮水器与洗涤器开关

刮水器与洗涤器开关控制刮水器与洗涤器（图1-50）。上下搬动开关，前风窗玻璃刮水器开始工作（图1-51）。

图1-50

图1-51

6. 除雾开关

除雾开关控制汽车除雾器，按下除雾开关，指示灯点亮，除雾器开始工作。上方的按钮是前风窗玻璃除雾开关，下方的按钮是后风窗玻璃除雾开关（图1-52）。

15

图 1-52

二、仪表

汽车上常见的仪表有燃油表、机油压力表、空气压力表（气压制动车辆）、冷却液温度表、速度和里程表（日里程表）、发动机转速表等。

几种常见的仪表盘如图 1-53 所示。

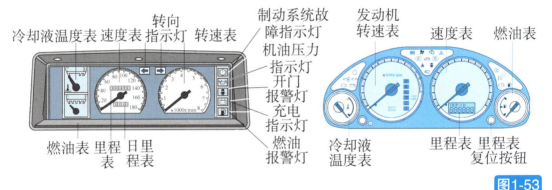

图 1-53

仪表盘上各种符号的含义见表 1-1。

仪表盘各符号及含义　　　　　　　　表 1-1

符号图示	含　义	符号图示	含　义
☼	车灯总开关	✺	冷风暖气风扇
🚗	空气外循环	🌂	前风窗玻璃刮水器开关
🚗	空气内循环	🌂	前风窗玻璃刮水器及洗涤器开关
➘	地板及迎面出风	▭	后风窗玻璃刮水器及洗涤器开关

续上表

符号图示	含　　义	符号图示	含　　义
	迎面吹风		车门锁住开锁开关
	地板及前风窗玻璃吹风		儿童安全锁开关

由于汽车造型各异,各种车型仪表的布局和形状有所不同,但基本装置的作用大同小异。正确掌握仪表用途,首先要认真阅读使用说明书,然后在车上逐一对照。

注意:凡涂有红色标志、标线之处,不要轻易乱动乱摸,以免发生意外。

1. 速度和里程表

速度表(图1-54)指示汽车行驶速度,单位为千米/小时(km/h),速度表指针所指的数字显示当前车辆的行驶速度。里程表累计行驶总里程数以千米(km)为单位。

图1-54

2. 发动机转速表

发动机转速表(图1-55)用于指示发动机的转速,单位为1000转/分(1000r/min);转速表指针所指的数字显示当前发动机转速。

3. 冷却液温度表

冷却液温度表(图1-56)用于指示发动机冷却液的温度,单位为℃。"C"表示温度低,"H"表示温度高,冷却液温度表指针所指的位置显示当前冷却液的温度。

图1-55

图1-56

4. 燃油表

燃油表(图1-57)用于指示油箱内的燃油量。"E"表示空,"1/2"表示一半,"F"表示满。当指针指在红色警告线以内时,提示油箱内燃油不足。

图1-57

三、指示灯（表 1-2）

指示灯　　　　　　　　　　表 1-2

图示	含义	图示	含义
	前雾灯打开		右转向指示灯开启
	后雾灯打开		两侧车门开启或提示两侧车门未关闭
	前后位置灯开启		提示左侧车门未关闭
	已开启远光灯		提示右侧车门未关闭
	已开启近光灯		行李舱开启
	左转向指示灯开启		发动机舱开启

四、报警灯（表 1-3）

报警灯　　　　　　　　　　表 1-3

亮灯图示	含义	亮灯图示	含义
	制动系统出现异常或故障		发动机机油压力过低或机油量不足
	冷却液不足		充电电路故障或发电机不向蓄电池充电

续上表

亮灯图示	含义	亮灯图示	含义
	发动机温度过高		发动机控制系统故障
	危险报警闪光灯(故障停车信号灯)开启		安全气囊处于故障状态
	没系安全带或安全带插头未插好		防抱死制动系统出现故障
	驻车制动器处于制动状态		油箱内燃油已到最低液面

五、灯光信号装置

1. 前照灯

前照灯是用来照明行车前方道路和显示车辆存在的主要灯光信号,安装形式分两灯式和四灯式。

前照灯一般对称地安装在车前端靠近两侧处,设有远光和近光两种光束(图1-58)。

图1-58

2. 雾灯

前雾灯光色为白色或黄色,一般安装在汽车头部比前照灯稍低的位置,左、右对称安装两个。

后雾灯是汽车在雾天行驶时,向车后方其他道路使用者示意车辆存在的信号灯。一般安装在车尾较低部位,数量为1个或2个,光色为红色(图1-59)。

3. 制动灯

制动灯安装在车尾两侧,光色为醒目的红色光(图1-60)。大多数情况下,制动灯安装在组合式后灯中,亮度比后位(侧)灯强。高位制动灯是制动灯的辅助灯,安装在汽车后窗中心线附近,其光色为红色。

图1-59　　　　　图1-60

4. 停车灯

停车灯安装在车前、后部两侧,光束同时向前、后方照射,向前方照射的为白色,向后方照射的为红色。停车灯与侧转向灯制为混合灯时,为琥珀色。另外,也有车辆将示宽灯及前后位灯兼作停车灯用(图1-61)。

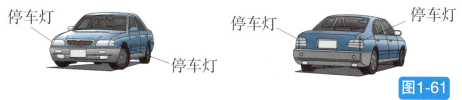

图1-61

5. 倒车灯

倒车灯安装在车辆尾部,光色为白色。通常将倒车灯安装在组合后灯中(图1-62)。

6. 转向灯

转向灯安装在车前、后部两侧,有的车身两侧也安装有转向灯,光色为琥珀色。有的前转向信号灯采用橙色,后转向信号灯采用红色或橙色(图1-63)。转向灯还可以兼作报警信号灯,当车辆发生故障或有紧急情况时,打开报警信号灯开关时,前、后、左、右四个方向转向灯一起闪烁,以示报警。

图1-62　　　　　图1-63

7. 位置灯

位置灯有前位灯、后位灯及侧位灯三种(图1-64)。侧位灯按其安装在车身两侧的部位不同又可分为前侧位灯、中侧位灯及后侧位灯三种。前位灯和后位灯一般均与其他功能的灯结合成组合灯、复合灯或混合灯使用,同时也可作为示廓灯使用。

8. 示廓灯

示廓灯一般在车的前、后各安装两只,高度靠近车的两侧边缘,前示廓灯为白色,后示廓灯为红色(图 1-65)。

图 1-64　　　图 1-65

9. 牌照灯

牌照灯一般安装在牌照上端遮光板内,其光色为白色(图 1-66)。

10. 反射器

反射器安装在汽车外部,本身没有光源,夜间遇其他外部光源的光束照射到上面时,可将其光反射到照射方向,从照射位置可以看到反射光(图 1-67)。

图 1-66　　　图 1-67

反射器分为前反射器、后反射器和侧反射器三种。侧反射器又有前、中、后三种之分。另外,有一种仅适用于挂车的三角形后反射器,形状为正立正三角形,光色为红色,安装在挂车后面,左、右各一只。反射器有单独安装的,也有组装在其他灯具上的多种方式。

六、安全头枕、安全带和安全气囊

1. 安全头枕

座椅安全头枕的主要作用是在发生追尾事故时,能有效保护驾驶人和乘车人的颈部不受损伤。调整安全头枕高度时,保持头枕中心与后脑中心平齐,才能发挥保护作用(图1-68)。

2. 安全带

座椅安全带的作用是在汽车发生碰撞或紧急制动时,固定驾乘人员位置,减轻对驾乘人员的伤害程度。具体系法有多种方式(图1-69)。驾驶人、乘车人在汽车行驶前,系好安全带是最有效的自我保护方法。驾驶汽车不系安全带,在遇紧急制动或发生碰撞时,可能会发生撞击风窗玻璃、被甩出车外的危险(图1-70)。驾驶装有安全气囊的汽车,更要注意系好安全带。

图1-68

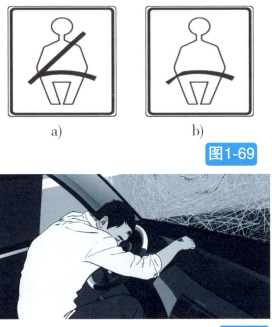

a) b)

图1-69

图1-70

3. 安全气囊

安全气囊是一种辅助保护驾乘人员的装置。车辆发生正面碰撞时,只有在安全气囊和安全带的双重保护下,才能充分发挥对驾乘人员的保护作用(图1-71)。

4. 儿童安全锁

儿童安全锁用于防止车辆行驶中儿童从车内打开车门而发生危险,一般安装在车辆后车门上。儿童安全锁设有控制开关,开启儿童安全锁后,从车内无法打开车门,只能从外面打开。

图1-71

课题四　汽车日常维护

汽车日常维护以清洗、补给和检查为主要内容。包括出车前、行车中、收车后对车辆的检查与维护。每天对所驾驶的车辆进行检查,能随时发现车辆出现的故障或其他不符合安全技术性能的情况,消除事故隐患。

一、出车前的检查与维护

1. 驾驶室内维护与检查(图1-72)

(1) 检查转向盘的自由转动量:最高设计车速高于100km/h的车辆,最大不得超过20°。

(2) 检查制动踏板和离合器踏板,将踏板踏到底,踏板与驾驶室地板之间的间隙应符合要求。

(3) 检查门窗玻璃、玻璃升降按钮、后视镜和门锁等是否齐全有效。

(4) 检查灯光、刮水器、点火及电器等开关及其他操作手柄、按钮等是否能正常使用。检查刮水器时,尽量避免在干燥状态下进行,以免划伤风窗玻璃,损坏刮水器电动机。

(5) 检查放在车内的物品是否放置正确或固定妥当。

2. 车辆外部检查与维护(图1-73)

(1) 检查灯光信号装置是否完整无损、有效清晰。

(2) 检查转向机构各连接部位是否牢固、可靠。

(3) 检查轮胎气压是否符合标准,轮胎螺栓是否松动,清除胎纹间杂物。

(4)检查燃油量是否充足,油箱盖是否盖好。

(5)检查是否漏水、漏油、漏气、漏电。

(6)载货车辆应重点检查车厢和货物装载情况是否符合规定,拖挂连接装置是否牢固、可靠。

(7)大型车辆还需检查传动机构、制动装置是否安全有效。

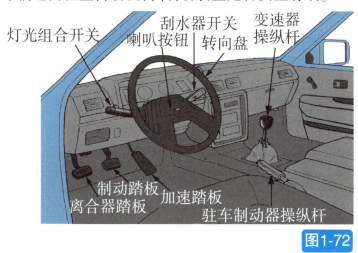

图1-72

图1-73

3. 发动机舱检查与维护

(1)检查玻璃清洗液、机油、冷却液、蓄电池液、制动液是否充足,有无漏液现象,并检查各液体容器盖是否齐全有效(图1-74)。

检查发动机机油量时,应把车停在平坦的地方,在发动机冷车起动之前或熄火30min后,拔出机油尺,擦净油迹后再测量,这样才可正确测出油面高度(图1-75)。

(2)检查风扇传动带的松紧程度是否符合要求,有无松旷现象(图1-76)。

(3)在发动机运转状态下,听察有无异响,观察各仪表工作是否正常。

4. 轮胎的检查与维护

(1)检查轮胎外表有无破损,清除胎纹间杂物。使用已经有裂纹或损伤的轮胎行驶,容易导致爆胎(图1-77)。

图1-74

图1-75

图1-76

图1-77

（2）检查轮胎表面橡胶厚度，从表面到沟槽底部的橡胶厚度应不低于1.6mm，否则应更换轮胎（图1-78）。

图1-78

更换轮胎时，同一轴应使用型号、类型、花纹等一致的轮胎。有些专用备胎不可作为正常轮胎长期使用，只能在轮胎漏气或者发生爆胎时临时使用。

二、行车中的检查与维护

1.行驶中的观察与处置

车辆行驶中，应随时注意操纵机构的工况，听察发动机、底盘有无异常现象，发现下列情况应立即停车检查，排除故障（图1-79）：

（1）离合器踏板行程突然变小或不分离。

（2）发动机温度过高。

（3）发动机或底盘有异常或异响。

（4）仪表工作失常或失效。

(5)制动器失灵或制动气压低。

(6)转向机构工作失常。

(7)轮胎有明显的漏气现象。

2. 途中停车时的检查与维护

车辆行驶一段时间或路程后,应停车对车辆进行必要的安全检查,确保车辆和货物完好无损(图 1-80)。

图1-79

图1-80

途中停车时的检查维护项目有:

(1)有无漏水、漏油、漏气、漏电现象。

(2)制动轮毂、中间轴承、变速器、驱动壳的温度是否正常,过热时应查明原因予以排除。

(3)轮胎气压是否正常,轮胎有无损伤,并排除胎纹间杂物。

(4)转向机构、传动轴、万向节各连接部位是否牢固。

(5)钢板弹簧是否完好及其 U 形螺栓有无松动。

(6)悬架系统是否有磨损或泄漏。

(7)检查货物装载是否有移位现象。

(8)带挂车的车辆要检查挂车连接装置是否安全可靠。

三、收车后的检查与维护

收车后,应对车辆进行清洁、检查,发现有故障隐患,应及时排除、维修或报告(图 1-81)。同时记录车辆运输途中的情况。如确有故障,应详细记录车辆故障状况,为车辆维修提供参考资料。

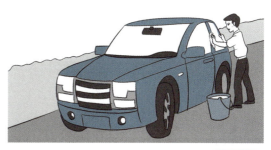

图1-81

收车后的检查和维护项目有：

(1)检查、清洁全车外表和驾驶室(车厢)内部。

(2)检查是否有漏水、漏油、漏气、漏电现象。

(3)检查燃油、润滑油、制动液的液位情况,按需加注。

(4)检查轮胎气压,不足时应予充气。清除胎纹及轮胎间杂物。

(5)检查冷却系工作情况,检查百叶窗开度和风扇传动带松紧度,冬季气温低于3℃时,未加防冻液的冷却液应放净后重新加注新的可冬季使用的冷却液。

(6)检查各连接装置有无松动、脱落。

(7)检查悬架总成各部位状况。

(8)放净制动储气筒的油、水,并关好开关。

(9)冬季气温低于 -30℃时,露天停放的车辆则应拆下蓄电池,置于室内保温。

(10)带挂车的检查拖挂装置是否安全可靠。

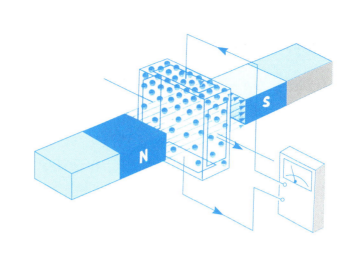

单元2

道路交通法律法规相关知识

课题一　道路交通安全法律、法规和规章

道路交通安全法律、法规及规章构成了道路交通管理法规体系,为维护道路交通秩序,保障驾驶人、乘车人、骑车人、行人等所有交通参与者的通行权利和人身安全,预防和减少交通事故,保护公民、法人和其他组织的财产安全及其他合法权益,提高道路通行效率等提供了法律保障。

一、机动车驾驶证申领和使用规定

1. 机动车驾驶许可

驾驶机动车,应当依法取得机动车驾驶证,按照驾驶证载明的准驾车型驾驶车辆。在道路上学习驾驶技能,应当使用教练车,且需教练员随车指导。

2. 机动车驾驶证种类、准驾车型和有效期

机动车驾驶人准予驾驶的车型顺序依次分为:大型客车、重型牵引挂车、城市公交车、中型客车、大型货车、小型汽车、小型自动挡汽车、低速载货汽车、三轮汽车、残疾人专用小型自动挡载客汽车、轻型牵引挂车、普通三轮摩托车、普通二轮摩托车、轻便摩托车、轮式专用机械车、无轨电车和有轨电车。机动车驾驶证

有效期分为6年、10年和长期,初次申领的机动车驾驶证的有效期为6年。

3. 机动车驾驶证申请条件

申请小型汽车、小型自动挡汽车、残疾人专用小型自动挡载客汽车、轻便摩托车准驾车型的,在18周岁以上;申请低速载货汽车、三轮汽车、普通三轮摩托车、普通二轮摩托车或者轮式专用机械车准驾车型的,在18周岁以上,60周岁以下;申请城市公交车、中型客车、大型货车、轻型牵引挂车、无轨电车或者有轨电车准驾车型的,在20周岁以上,60周岁以下;申请大型客车、重型牵引挂车准驾车型的,在22周岁以上,60周岁以下;接受全日制驾驶职业教育的学生,申请大型客车、重型牵引挂车准驾车型的,在19周岁以上,60周岁以下。

初次申领机动车驾驶证的,可以申请准驾车型为城市公交车、大型货车、小型汽车、小型自动挡汽车、低速载货汽车、三轮汽车、残疾人专用小型自动挡载客汽车、普通三轮摩托车、普通二轮摩托车、轻便摩托车、轮式专用机械车、无轨电车、有轨电车的机动车驾驶证,见表2-1。

初学机动车准驾车型及代号 表2-1

准驾车型	代号	准驾的车辆	准予驾驶的其他准驾车型
城市公交车	A3	核载10人以上的城市公共汽车	C1、C2、C3、C4
大型货车	B2	重型、中型载货汽车;重型、中型专项作业车	C1、C2、C3、C4、M
小型汽车	C1	小型、微型自动挡载客汽车以及轻型、微型自动挡载货汽车;轻型、微型自动挡专项作业车;上肢残疾人专用小型自动挡载客汽车	C2、C3、C4
小型自动挡汽车	C2	小型、微型自动挡载客汽车以及轻型、微型自动挡载货汽车	—
低速载货汽车	C3	低速载货汽车	C4

续上表

准驾车型	代号	准驾的车辆	准予驾驶的其他准驾车型
三轮汽车	C4	三轮汽车	—
残疾人专用小型自动挡载客汽车	C5	残疾人专用小型、微型自动挡载客汽车（允许上肢、右下肢或者双下肢残疾人驾驶）	—
普通三轮摩托车	D	发动机排量大于50ml或者最大设计车速大于50km/h的三轮摩托车	E、F
普通二轮摩托车	E	发动机排量大于50ml或者最大设计车速大于50km/h的二轮摩托车	F
轻便摩托车	F	发动机排量小于等于50ml，最大设计车速小于等于50km/h的摩托车	—
轮式专用机械车	M	轮式专用机械车	—
无轨电车	N	无轨电车	—
有轨电车	P	有轨电车	—

有下列情形之一的,不得申请机动车驾驶证：

（1）有器质性心脏病、癫痫病、美尼尔氏症、眩晕症、癔症、帕金森病、精神病、痴呆以及影响肢体活动的神经系统疾病等妨碍安全驾驶疾病的；

（2）三年内有吸食、注射毒品行为或者解除强制隔离戒毒措施未满三年,或者长期服用依赖性精神药品成瘾尚未戒除的；

（3）造成交通事故后逃逸构成犯罪的；

（4）饮酒后或者醉酒驾驶机动车发生重大交通事故构成犯罪的；

（5）醉酒驾驶机动车或者饮酒后驾驶营运机动车依法被吊销机动车驾驶证未满五年的；

（6）醉酒驾驶营运机动车依法被吊销机动车驾驶证未满十年的；

（7）驾驶机动车追逐竞驶、超员、超速、违反危险化学品安全管理规定运输危险化学品构成犯罪依法被吊销机动车驾驶证未满五年的；

（8）因饮酒后或者醉酒驾驶机动车发生重大交通事故构成犯罪以外的其他违反交通管理法律法规的行为发生重大交通事故构成犯罪依法被吊销机动车驾驶证未满十年的；

（9）因其他情形依法被吊销机动车驾驶证未满二年的；

（10）驾驶许可依法被撤销未满三年的；

（11）未取得机动车驾驶证驾驶机动车，发生负同等以上责任交通事故造成人员重伤或者死亡未满十年的；

（12）三年内有代替他人参加机动车驾驶人考试行为的；

（13）法律、行政法规规定的其他情形。

4. 小型汽车驾驶人考试内容及要求

科目一路交通安全法律、法规和相关知识考试考试内容：道路通行、交通信号、道路交通安全违法行为和交通事故处理、机动车驾驶证申领和使用、机动车登记等规定以及其他道路交通安全法律、法规和规章。满分为100分，成绩达到90分的为合格；

科目二场地驾驶技能考试考试内容：小型汽车、低速载货汽车考试倒车入库、坡道定点停车和起步、侧方停车、曲线行驶、直角转弯；小型自动挡汽车、残疾人专用小型自动挡载客汽车考试倒车入库、侧方停车、曲线行驶、直角转弯；轻型牵引挂车考试桩考、曲线行驶、直角转弯。满分为100分，成绩达到90分的为合格，成绩达到80分的为合格；

科目三道路驾驶技能考试考试内容：小型汽车、小型自动挡汽车、低速载货汽车和残疾人专用小型自动挡载客汽车考试上车准备、起步、直线行驶、加减挡位操作、变更车道、靠边停车、直行通过路口、路口左转弯、路口右转弯、通过人行横道线、通过学校区域、通过公共汽车站、会车、超车、掉头、夜间行驶。考试里程不少于3公里。不进行夜间考试的，进行模拟夜间灯光考试。科目三安全文明驾驶常识考试内容包括：安全文明驾驶操作要求、恶劣气象和复杂道路条件下的安全驾驶知识、爆胎等紧急情况下的临危处置方法、防范次生事故处置知识、伤员急救知识等。满分分别为100分，成绩分别达到90分的为合格。

申请人在场地和道路上学习驾驶，应当按规定取得学习驾驶证明。学习驾驶证明的有效期为三年，但有效期截止日期不得超过申请年龄条件上限。申请人应当在有效期内完成科目二和科目三考试。未在有效期内完成考试的，已考试合格的科目成绩作废。在学习驾驶证明有效期内，科目二和科目三道路驾驶技能考试预约考试的次数分别不得超过五次。第五次考试仍不合格的,已考试合格的其他科目成绩作废。

已持有小型汽车、小型自动挡汽车准驾车型驾驶证申请增加轻型牵引挂车准驾车型的,应当考试科目二和科目三安全文明驾驶常识。

申请人因故不能按照预约时间参加考试的,应当提前一日申请取消预约。对申请人未按照预约考试时间参加考试的,判定该次考试不合格。

5. 驾驶证实习期

机动车驾驶人初次取得汽车类准驾车型或者初次取得摩托车类准驾车型后的 12 个月为实习期。在实习期内驾驶机动车,应当在车身后部粘贴或者悬挂统一式样的实习标志。驾驶人在实习期内驾驶机动车上高速公路行驶,应当由持相应或者包含其准驾车型驾驶证三年以上的驾驶人陪同。机动车驾驶人在实习期内驾驶的机动车不得牵引挂车。

6. 有效期满、转入、变更换证

机动车驾驶人在机动车驾驶证的六年有效期内,每个记分周期均未记满 12 分的,换发十年有效期的机动车驾驶证。在机动车驾驶证的十年有效期内,每个记分周期均未记满 12 分的,换发长期有效的机动车驾驶证。机动车驾驶人应当于机动车驾驶证有效期满前九十日内,向机动车驾驶证核发地或者核发地以外的车辆管理所申请换证。有效期满申请换领驾驶证时,应当确认申请信息,并提交医疗机构出具的身体条件证明。

机动车驾驶人户籍迁出原车辆管理所管辖区的,应当向迁入地车辆管理所申请换证。机动车驾驶人在核发地车辆管理所管辖区以外居住的,可以向居住地车辆管理所申请换证。机动车驾驶人自愿降低准驾车型的,应当到机动车驾驶证核发地或者核发地以外的车辆管理所换领准驾车型的机动车驾驶证。

在车辆管理所管辖区域内,机动车驾驶证记载的机动车驾驶人信息发生变化的、机动车驾驶证损毁无法辨认的,机动车驾驶人应当在三十日内到机动车驾驶证核发地或者核发地以外的车辆管理所申请换证。

7. 驾驶证遗失补证

机动车驾驶证遗失的,机动车驾驶人应当向机动车驾驶证核发地或者核发地以外的车辆管理所申请补发。机动车驾驶人补领机动车驾驶证后,原机动车驾驶证作废,不得继续使用。机动车驾驶证被依法扣押、扣留或者暂扣期间,机动车驾驶人不得申请补发。

8. 违法记分管理制度

公安机关交通管理部门对机动车驾驶人的道路交通安全违法行为,除依法给予行政处罚外,实行道路交通安全违法行为累积记分制度,记分周期为 12 个月,满分为 12 分。机动车驾驶人在一个记分周期内记分达到 12 分的,应当按规定参加学习、考试。

9. 驾驶证注销情形

机动车驾驶人被查获有吸食、注射毒品后驾驶机动车行为,依法被责令社区戒毒、社区康复或者决定强制隔离戒毒,或者长期服用依赖性精神药品成瘾尚未戒除的,或者超过机动车驾驶证有效期一年以上未换证的,车辆管理所应当注销其机动车驾驶证。

超过机动车驾驶证有效期一年以上未换证的,车辆管理所应当注销其机动车驾驶证。超过机动车驾驶证有效期一年以上未换证,被注销机动车驾驶证未超过两年的,机动车驾驶人参加道路交通安全法律、法规和相关知识考试合格后,可以恢复驾驶资格。

年龄在 70 周岁以上,在一个记分周期结束后一年内未提交身体条件证明的;或者持有残疾人专用小型自动挡载客汽车准驾车型,在三个记分周期结束后一年内未提交身体条件证明的,车辆管理所应当注销其机动车驾驶证。被注销机动车驾驶证后,机动车驾驶证在有效期内或者超过有效期不满一年的,机动车驾驶人提交身体条件证明后,可以恢复驾驶资格。

机动车驾驶人在实习期内发生道路交通安全违法行为被记满 12 分的,注销其实习的准驾车型驾驶资格。

10. 驾驶证审验

持有大型客车、牵引车、城市公交车、中型客车、大型货车驾驶证的驾驶人,应当在每个记分周期结束后三十日内到公安机关交通管理部门接受审验。持有其他准驾车型驾驶证的驾驶人,发生交通事故造成人员死亡承担同等以上责任未被吊销机动车驾驶证的,或者年龄在 70 周岁以上的机动车驾驶人发生责任交通事故造成人员重伤或者死亡的,应当在本记分周期结束后三十日内到公安机关交通管理部门接受审验。机动车驾驶人可以在机动车驾驶证核发地或者核发地以外的地方参加审验、提交身体条件证明。

机动车驾驶证审验内容包括:

(1) 道路交通安全违法行为、交通事故处理情况;

(2) 身体条件情况;

(3) 道路交通安全违法行为记分及记满 12 分后参加学习和考试情况。

机动车驾驶人因服兵役、出国(境)等原因,无法在规定时间内办理驾驶证期满换证、审验、提交身体条件证明的,可以在驾驶证有效期内或者有效期届满一年内向机动车驾驶证核发地车辆管理所申请延期办理。申请时应当确认申请信息,并提交机动车驾驶人的身份证明。延期期限最长不超过三年。延期期间机动车驾驶人不得驾驶机动车。

11. 驾驶人体检

年龄在 70 周岁以上的机动车驾驶人,应当每年进行一次身体检查,在记分周期结束后三十日内,提交医疗机构出具的有关身体条件的证明。机动车驾驶人按照规定参加审验时,应当申报身体条件情况。

12. 法律责任

申请人隐瞒有关情况或者提供虚假材料申领机动车驾驶证的,公安机关交通管理部门不予受理或者不予办理,处五百元以下罚款;申请人在一年内不得再次申领机动车驾驶证。

申请人在考试过程中有贿赂、舞弊行为的,取消考试资格,已经通过考试的其他科目成绩无效,公安机关交通管理部门处二千元以下罚款;申请人在一年内不得再次申领机动车驾驶证。

申请人以欺骗、贿赂等不正当手段取得机动车驾驶证的,公安机关交通管理部门收缴机动车驾驶证,撤销机动车驾驶许可,处二千元以下罚款;申请人在三年内不得再次申领机动车驾驶证。

机动车驾驶人补领机动车驾驶证后,继续使用原机动车驾驶证的,由公安机关交通管理部门处二十元以上、二百元以下罚款。

持有大型客车、牵引车、城市公交车、中型客车、大型货车驾驶证的驾驶人,未按照"机动车驾驶人联系电话、联系地址等信息发生变化,驾驶人从业单位等信息发生变化的,应当在信息变更后三十日内,向驾驶证核发地车辆管理所备案"规定申报变更信息的,由公安机关交通管理部门处 20 元以上 200 元以下罚款。

二、机动车登记和使用规定

1. 机动车注册、变更、转让、抵押、注销登记

初次申领机动车号牌、行驶证的,机动车所有人应当向住所地的车辆管理所申请

注册登记。机动车达到国家规定的强制报废标准的,车辆管理所不予办理注册登记。

已注册登记的机动车,改变车身颜色、更换发动机、更换车身或者车架、因质量问题更换整车、机动车登记的使用性质改变、机动车所有人的住所迁出迁入车辆管理所管辖区域的,应当向登记地车辆管理所申请变更登记。

已注册登记的机动车有下列情形之一的,机动车所有人应当在信息或者事项变更后三十日内,向登记地车辆管理所申请变更备案:

(1)机动车所有人住所在车辆管理所管辖区域内迁移、机动车所有人姓名(单位名称)变更的;

(2)机动车所有人身份证明名称或者号码变更的;

(3)机动车所有人联系方式变更的;

(4)车辆识别代号因磨损、锈蚀、事故等原因辨认不清或者损坏的;

(5)小型、微型自动挡载客汽车加装、拆除、更换肢体残疾人操纵辅助装置的;

(6)载货汽车、挂车加装、拆除车用起重尾板的;

(7)小型、微型载客汽车在不改变车身主体结构且保证安全的情况下加装车顶行李架,换装不同式样散热器面罩、保险杠、轮毂的;属于换装轮毂的,不得改变轮胎规格。

已注册登记的机动车所有人申请转让登记前,应当将涉及该车的道路交通安全违法行为和交通事故处理完毕。距机动车强制报废标准规定要求使用年限一年以内的机动车,车辆管理所不予办理转让登记。

2. 机动车登记证书、号牌、行驶证灭失、丢失或损毁

机动车登记证书、号牌、行驶证灭失、丢失或者损毁的,机动车所有人应当向登记地车辆管理所申请补领、换领。补发、换发号牌期间,申请人可以申领有效期不超过十五日的临时行驶车号牌。补领、换领机动车号牌、机动车登记证书、行驶证的,原机动车号牌、机动车登记证书、行驶证作废,不得继续使用。

购买、调拨、赠予等方式获得机动车后尚未注册登记,需要临时上道路行驶的,机动车所有人应当向车辆管理所申领临时行驶车号牌。

3. 法律责任

机动车未按照规定期限进行安全技术检验的,由公安机关交通管理部门处警告或者二百元以下罚款。

隐瞒有关情况或者提供虚假材料申请机动车登记的,公安机关交通管理部门不予受理或者不予登记,处五百元以下罚款;申请人在一年内不得再次申请机

动车登记。

以欺骗、贿赂等不正当手段取得机动车登记的,由公安机关交通管理部门收缴机动车登记证书、号牌、行驶证,撤销机动车登记,处二千元以下罚款;申请人在三年内不得再次申请机动车登记。

三、道路交通安全违法行为记分

道路交通安全违法行为记分周期为12个月,满分为12分。记分周期自机动车驾驶人初次领取机动车驾驶证之日起连续计算,或者自初次取得临时机动车驾驶许可之日起累积计算。

1. 记分分值

根据交通违法行为的严重程度,一次记分的分值为12分、9分、6分、3分、1分,具体见表2-2。

道路交通安全违法行为记分分值(C1、C2、C3、C4、C5、C6车型)

表2-2

记分分值	交通违法行为记分项目
一次记12分	(1)饮酒后驾驶机动车的; (2)造成致人轻伤以上或者死亡的交通事故后逃逸,尚不构成犯罪的; (3)使用伪造、变造的机动车号牌、行驶证、驾驶证、校车标牌或者使用其他机动车号牌、行驶证的; (4)载人超过核定人数百分之百以上的; (5)在高速公路、城市快速路上行驶超过规定时速百分之五十以上的; (6)在高速公路、城市快速路上倒车、逆行、穿越中央分隔带掉头的; (7)代替实际机动车驾驶人接受交通违法行为处罚和记分牟取经济利益的
一次记9分	(1)在高速公路或者城市快速路上违法停车的; (2)驾驶未悬挂机动车号牌或者故意遮挡、污损机动车号牌的机动车上道路行驶的; (3)驾驶与准驾车型不符的机动车的

续上表

记分分值	交通违法行为记分项目
一次记6分	（1）载人超过核定人数百分之五十以上未达到百分之百的； （2）在高速公路、城市快速路上行驶超过规定时速20%以上未达到50%，或者在高速公路、城市快速路以外的道路上行驶超过规定时速50%以上的； （3）载物超过最大允许总质量百分之五十以上的； （4）不按交通信号灯指示通行的； （5）机动车驾驶证被暂扣或者扣留期间驾驶机动车的； （6）造成致人轻微伤或者财产损失的交通事故后逃逸，尚不构成犯罪的； （7）在高速公路或者城市快速路上违法占用应急车道行驶的
一次记3分	（1）载人超过核定人数20%以上未达到50%的； （2）在高速公路、城市快速路以外的道路上行驶超过规定时速20%以上未达到50%的； （3）在高速公路或者城市快速路上不按规定车道行驶的； （4）不按规定超车、让行，或者在高速公路、城市快速路以外的道路上逆行的； （5）遇前方机动车停车排队或者缓慢行驶时，借道超车或者占用对面车道、穿插等候车辆的； （6）驾驶机动车有拨打、接听手持电话等妨碍安全驾驶的行为的； （7）行经人行横道不按规定减速、停车、避让行人的； （8）不按规定避让校车的； （9）载物超过最大允许总质量30%以上未达到50%的，或者违反规定载客的； （10）驾驶不按规定安装机动车号牌的机动车上道路行驶的； （11）在道路上车辆发生故障、事故停车后，不按规定使用灯光或者设置警告标志的； （12）在高速公路上行驶低于规定最低时速的

续上表

记分分值	交通违法行为记分项目
一次记1分	（1）不按规定会车，或者在高速公路、城市快速路以外的道路上不按规定倒车、掉头的； （2）不按规定使用灯光的； （3）违反禁令标志、禁止标线指示的； （4）载货长度、宽度、高度超过规定的； （5）载物超过最大允许总质量未达到百分之三十的； （6）驾驶未按规定定期进行安全技术检验的机动车上道路行驶的； （7）驾驶擅自改变已登记的结构、构造或者特征的载货汽车上道路行驶的； （8）在道路上行驶时，机动车驾驶人未按规定系安全带的

2. 记分执行

公安机关交通管理部门对机动车驾驶人的交通违法行为，在作出行政处罚决定的同时予以记分。机动车驾驶人有二起以上交通违法行为应当予以记分的，记分分值累积计算。机动车驾驶人可以一次性处理完毕同一辆机动车的多起交通违法行为记录，记分分值累积计算。

机动车驾驶人在一个记分周期期限届满，累积记分未满12分的，该记分周期内的记分予以清除；累积记分虽未满12分，但有罚款逾期未缴纳的，该记分周期内尚未缴纳罚款的交通违法行为记分分值转入下一记分周期。

3. 满分处理

小型机动车驾驶人在一个记分周期内累积记分满12分的，应当参加为期七天的道路交通安全法律、法规和相关知识学习。在一个记分周期内参加满分教育的次数每增加一次或者累积记分每增加12分，道路交通安全法律、法规和相关知识的学习时间增加七天，每次满分学习的天数最多六十天。

驾驶人可以在机动车驾驶证核发地或者交通违法行为发生地、处理地参加公安机关交通管理部门组织的道路交通安全法律、法规和相关知识学习，并在学习地参加考试。机动车驾驶人经满分学习、考试合格且罚款已缴纳的，记分予以清除，发还机动车驾驶证。

4. 记分减免

机动车驾驶人处理完交通违法行为记录后累积记分未满12分，参加公安机关交通管理部门组织的交通安全教育并达到规定要求的，可以申请在机动车驾驶人现有累积记分分值中扣减记分。在一个记分周期内累计最高扣减6分。

5. 法律责任

机动车驾驶人在一个记分周期内累积记分满12分，机动车驾驶证未被依法扣留或者收到满分教育通知书后三十日内拒不参加公安机关交通管理部门通知的满分学习、考试的，由公安机关交通管理部门公告其机动车驾驶证停止使用。

机动车驾驶人请他人代为接受交通违法行为处罚和记分并支付经济利益的，由公安机关交通管理部门处所支付经济利益三倍以下罚款，但最高不超过五万元；同时，依法对原交通违法行为作出处罚。

四、机动车上道路行驶相关规定

1. 机动车上道路行驶条件

驾驶机动车上道路行驶，应当悬挂机动车号牌，放置检验合格标志、保险标志，并随车携带机动车行驶证。

驾驶人驾驶证丢失、损毁、超过有效期、被依法扣留或暂扣，不得驾驶机动车。驾驶人饮酒、服用国家管制的精神药品或者麻醉药品，或者患有妨碍安全驾驶机动车的疾病，或者过度疲劳影响安全驾驶的，不得驾驶机动车。

驾驶机动车在道路上违反道路通行规定，必须接受相应的处罚。对违法驾驶造成重大交通事故构成犯罪的驾驶人，依法追究刑事责任。驾驶人造成事故后逃逸构成犯罪的，吊销驾驶证且终生不得重新取得驾驶证。

2. 机动车号牌设置使用

机动车号牌应当按规定悬挂并保持清晰、完整，不得故意遮挡、污损（图2-1、图2-2）。

3. 机动车安全检验

机动车参加安全技术检验的主要目的是检查车辆各项性能，及时消除车辆安全隐患，减少事故发生概率。驾驶人驾驶机动车上道路行驶前，应当对机动车的安全技术性能进行认真检查。不得驾驶安全设施不全或者机件不符合技术标准等具有安全隐患的机动车。机动车未按照规定期限进行安全技术检验的,由公安机关交通管理部门处警告或者200元以下罚款。

图2-1

图2-2

课题二　道路通行条件及通行规定

一、道路交通信号

道路交通信号包括交通信号灯、交通标志、交通标线和交通警察指挥手势。

1.道路交通信号灯的分类、含义、识别和作用

交通信号灯

交通信号灯有红、黄、绿三种颜色,红灯亮表示禁止通行,绿灯亮表示准许通行,黄灯亮表示警示。

驾驶机动车在路口直行遇到红灯亮时,要停在路口停止线以外等待放行信号。右转弯时,在不妨碍被放行车辆、行人通行的情况下,可以通行(图2-3)。

驾驶机动车在路口遇到绿色信号灯亮时,准许车辆直行、向左转弯、向右转弯通行。要在确保安全的前提下,尽快通行,转弯车辆不能妨碍被放行的直行车辆、行人通行(图2-4)。

图2-3

图2-4

驾驶机动车看到黄色信号灯亮时,说明前方路口或道路需要暂时清空。已经越过停止线的车辆可以继续通行,没有越过停止线的车辆不得进入路口,也不能加速通过交叉路口,要在停止线以外停车等待(图2-5)。

驾驶机动车在路口遇到黄色闪光警告信号灯持续闪烁时,要减速注意瞭望,确认安全后通过(图2-6)。

图2-5

图2-6

驾驶机动车在有方向指示信号灯的路口,按绿色箭头灯亮时的指示方向行驶,红色箭头灯亮指示的方向禁止通行(图2-7)。

驾驶机动车遇到车道上方有信号灯的路段,要选择绿色箭头灯亮的车道通行,不能进入红色叉形灯或者红色箭头灯亮的车道(图2-8)。

驾驶机动车在道路与铁路平面交叉道口,遇有两个红灯交替闪烁或者一个红灯亮时,表示禁止车辆、行人通行,要停在道口停止线以外等待,不得加速通过道口(图2-9)。红灯熄灭时,允许车辆、行人通行。

单元2 道路交通法律法规相关知识

图2-7

图2-8

图2-9

2. 道路交通标志的分类、含义、识别和作用

交通标志分为警告标志、禁令标志、指示标志、指路标志、旅游区标志、作业区标志、告示标志和辅助标志。

（1）警告标志。警告(提醒、告示)机动车驾驶人、行人前方有危险，需谨慎通过(表2-3)。

交通标志

警告标志图示及含义　　　　　表2-3

图示	![]	![]	![]	![]	![]
含义	十字交叉路口	T形交叉路口	T形交叉路口	向右急转弯	向左急转弯
图示	![]	![]	![]	![]	![]
含义	反向弯路	连续弯路	上陡坡	下陡坡	连续下坡

43

续上表

图示					
含义	两侧变窄	右侧变窄	左侧变窄	窄桥	双向交通
图示					
含义	注意行人	注意儿童	注意残疾人	注意非机动车	注意信号灯
图示					
含义	注意牲畜	注意野生动物	村庄或集镇	注意落石	傍山险路
图示					
含义	易滑	堤坝路	渡口	过水路面（漫水桥）	注意横风

续上表

图示					
含义	驼峰桥	路面不平	路面高凸	路面低洼	施工
图示					
含义	隧道	隧道开车灯	慢行	注意危险	事故易发路段
图示					
含义	注意潮汐车道	注意保持车距	左右绕行	左侧绕行	右侧绕行
图示					
含义	注意分离式道路	注意合流	避险车道	建议速度	多股铁路与道路相交

续上表

图示					
含义	有人看守铁路道口	无人看守铁路道口	距无人看守铁路道口50m	距无人看守铁路道口100m	距无人看守铁路道口150m

(2)禁令标志。表示禁止、限制及相应解除的含义,机动车驾驶人要严格遵守(表2-4)。

禁令标志图示及含义 表2-4

图示					
含义	停车让行	减速让行	会车让行	禁止通行	禁止驶入
图示					
含义	禁止小型客车驶入	禁止机动车驶入	禁止停车	禁止长时停车	禁止直行
图示					
含义	禁止向左转弯	禁止向右转弯	禁止直行和向左转弯	禁止直行和向右转弯	禁止向左向右转弯

单元2　道路交通法律法规相关知识

续上表

图示					
含义	禁止掉头	禁止超车	解除禁止超车	限制速度	解除限制速度
图示					
含义	禁止鸣喇叭	限制宽度	限制高度	停车检查	海关
图示					
含义	禁止大型客车驶入	禁止载货汽车驶入	禁止挂车、半挂车驶入	限制轴重	禁止运输危险物品车辆驶入

（3）指示标志。表示指示车辆、行人按标志指示的路线方向行进的含义，机动车驾驶人、行人要遵守（表2-5）。

指示标志图示及含义　　表2-5

图示					
含义	直行	向左转弯	向右转弯	直行和向右转弯	直行和向左转弯

47

续上表

图示					
含义	向左和向右转弯	靠右侧道路行驶	靠左侧道路行驶	直行车道	左转车道
图示					
含义	右转车道	直行和右转合用车道	直行和左转合用车道	直行单行路	向左单行路
图示					
含义	向右单行路	立体交叉直行和右转弯行驶	立体交叉直行和左转弯行驶	环岛行驶	鸣喇叭
图示					
含义	机动车行驶	机动车车道	多乘员车辆专用车道	步行	人行横道
图示					
含义	允许掉头	掉头车道	掉头和左转合用车道	路口干路优先通行	会车先行

续上表

图示					
含义	分向行驶车道	公交线路专用车道	BRT专用车道	非机动车行驶	非机动车车道
图示					
含义	最低限速				

（4）指路标志。表示道路信息的指引,为机动车驾驶人传递(提供)道路方向、地点和距离信息,可分为一般道路指路标志(表2-6)和高速公路和城市快速道路指路标志(表2-7)。

一般道路指路标志图示及含义　　　　表2-6

图示					
含义	交叉路口预告			十字交叉路口	丁字交叉路口
图示					
含义	Y形交叉路口	环行交叉路口	互通式立体交叉	车道数变少	车道数增加

49

续上表

图示		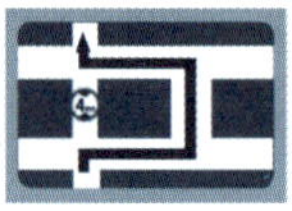			
含义	地点距离	绕行路线	错车道	此路不通	交通监控设备
图示					
含义	隧道出口距离预告	露天停车场	室内停车场	观景台	休息区
图示					
含义	应急避难设施和场所	国道编号	省道编号	县道编号	乡道编号
图示					
含义	线形诱导标	两侧通行	右侧通行	左侧通行	

高速公路和城市快速路指路标志图示及含义　　　　　表2-7

图示					
含义	入口预告	地点、方向预告	地点距离预告	高速公路编号	下一出口预告

续上表

图示		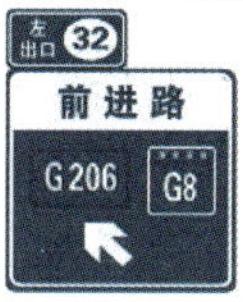			
含义	右侧出口预告	左侧出口预告	收听交通信息广播的频率	紧急电话	救援电话
图示					
含义	ETC车道	ETC收费站	起点预告	终点预告	
图示	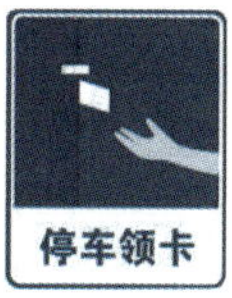				
含义	停车领卡	服务区预告		停车区预告	停车场预告
图示					
含义	紧急停车带	加油站	特殊天气建议速度		

(5)旅游区标志。旅游区标志是提供旅游项目类别、具有代表性的符号及前往各旅游景点的指引(表2-8)。

旅游区标志图示及含义　　　　　表2-8

图示				
含义	旅游区距离	旅游区方向		索道

3. 道路交通标线的分类、含义、识别和作用

道路交通标线分为指示标线、禁止标线、警告标线。

(1) 指示标线。指示车行道、车行方向、路面边缘、人行横道、停车位、停靠站及减速丘等(表2-9)。

交通标线

指示标线图示及含义　　　　　　　　　　表 2-9

图示			
含义	可跨越同向车道分界线		分隔对向行驶的交通流	
图示	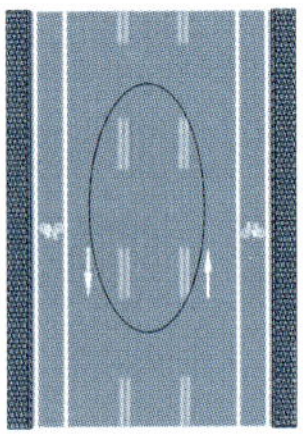	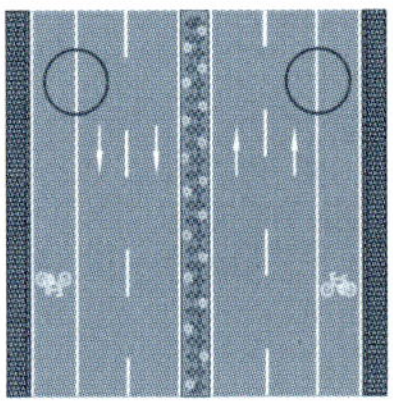	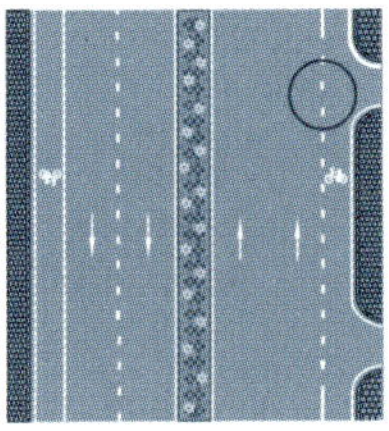	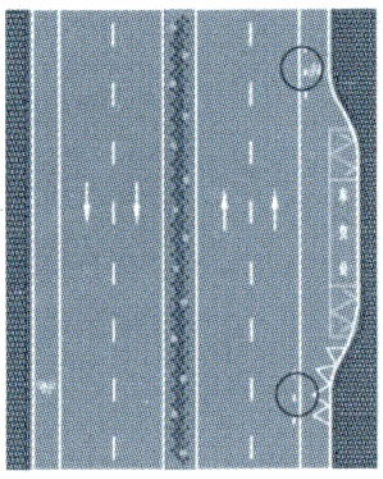
含义	潮汐车道线	车行道边缘线	车行道边缘线	车行道边缘线
图示				
含义	左弯待转区线		路口导向线	
图示	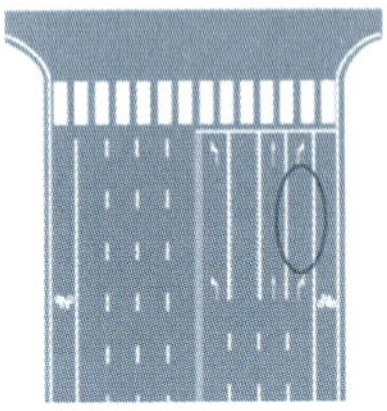	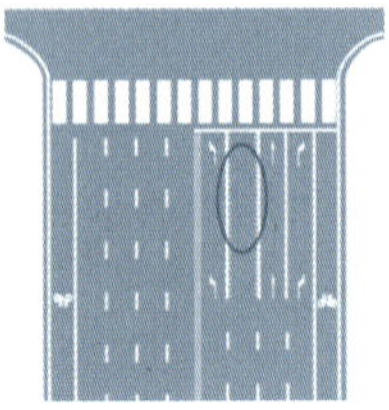	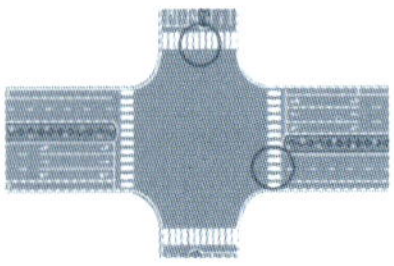	
含义	导向车道线	可变导向车道线	人行横道线	人行横道预告、标识线

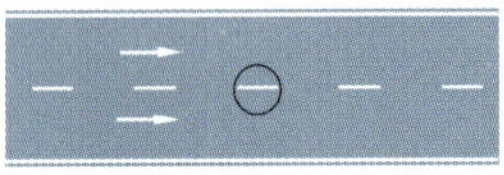

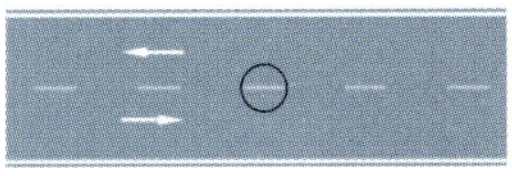

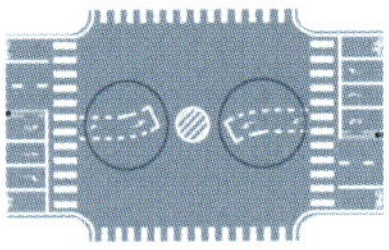

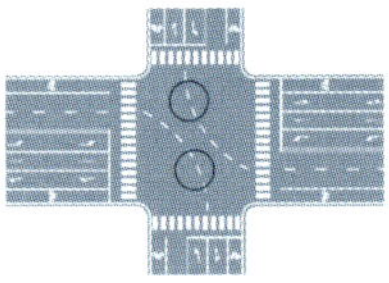

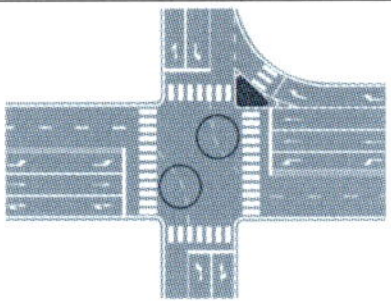

单元2 道路交通法律法规相关知识

续上表

图示		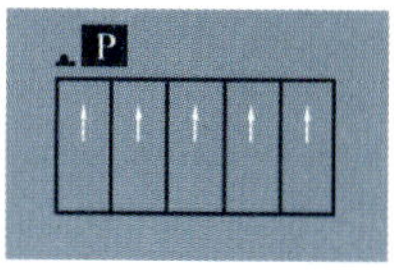	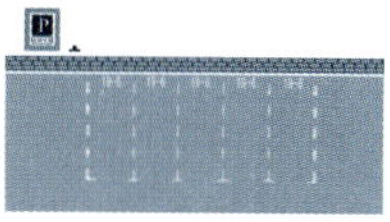
含义	平行式停车位	固定停车方向停车位	垂直式机动车限时停车位
图示			
含义	港湾式停靠站		公交车专用港湾式停靠站

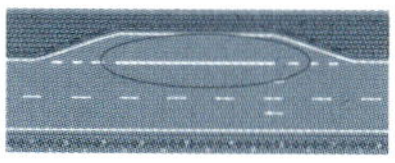

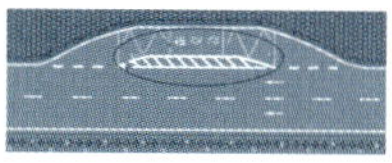

图示					
含义	直行	直行或左转弯	直行或右转弯	左转弯	右转弯
图示				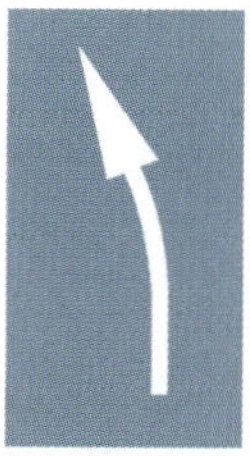	
含义	前方可掉头	前方可直行或掉头	前方可左转或掉头	前方有左弯或需向左合流	前方有右弯或需向右合流

续上表

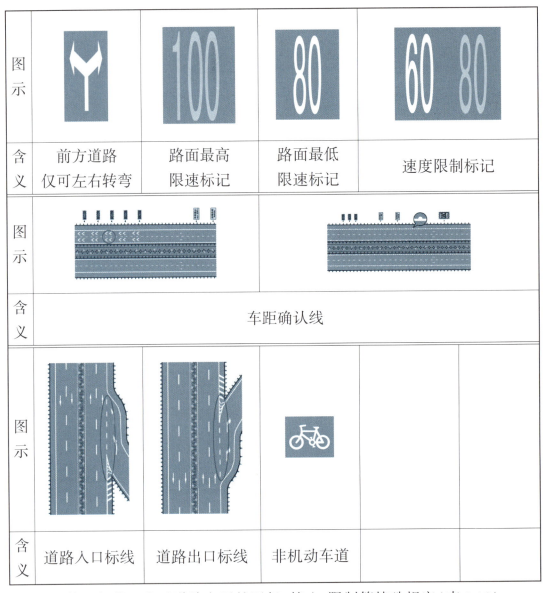

(2)禁止标线。告示道路交通的通行、禁止、限制等特殊规定(表2-10)。

禁止标线图示及含义　　表2-10

图示		
含义	(双向)禁止跨越对向行车道分界线	(实线一侧)禁止跨越对向行车道分界线

单元2　道路交通法律法规相关知识

续上表

图示				
含义	禁止跨越对向车行道分界线		禁止跨越对向车行道分界线	
图示				
含义	禁止跨越同向车行道分界线		禁止长时停车	禁止停放车辆
图示				
含义	停止线		停车让行线	减速让行线
图示				
含义	导流线		网状线	中心圈
图示	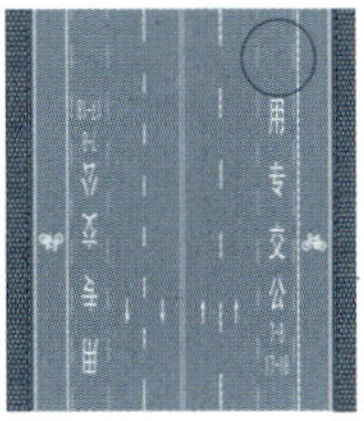	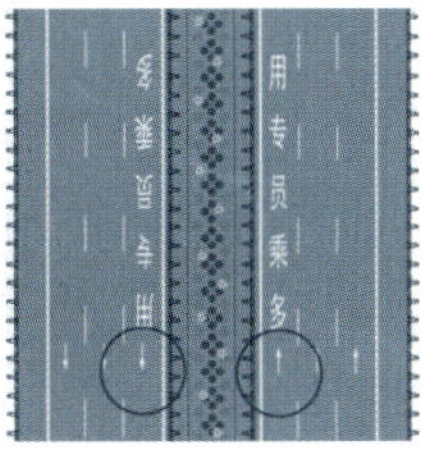		
含义	公交专用车道线	多乘员车辆专用车道线	禁止掉头	禁止右转

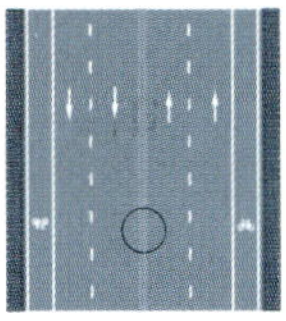

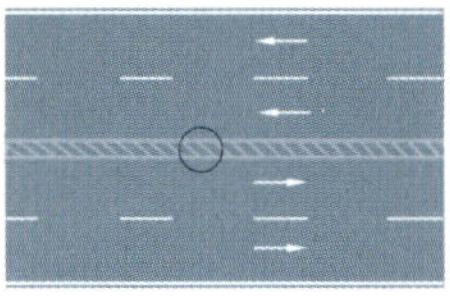

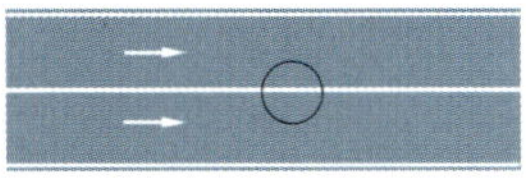

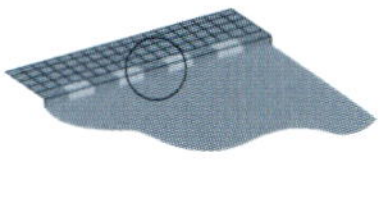

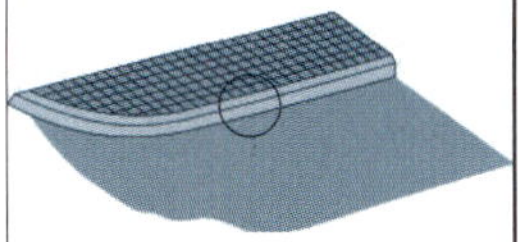

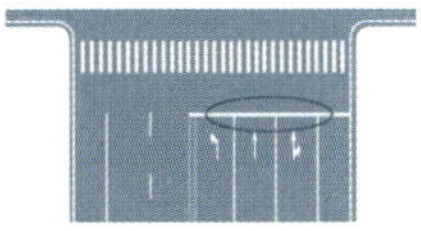

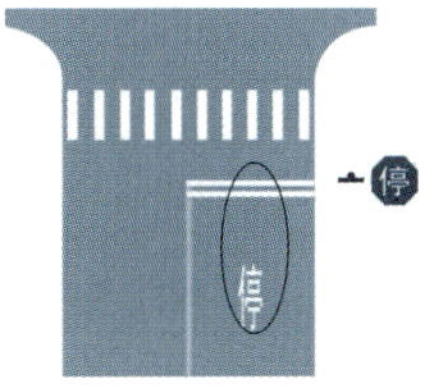

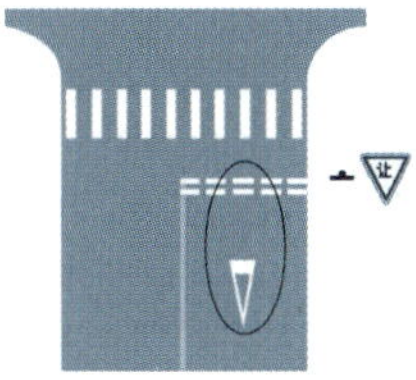

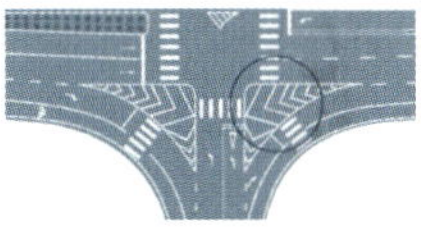

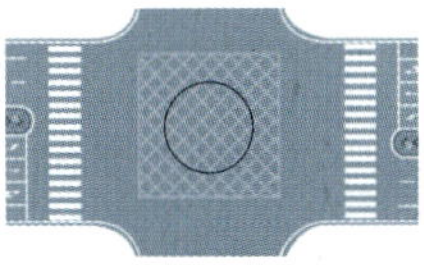

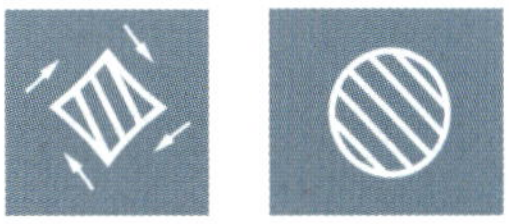

55

(3)警告标线。促使车辆驾驶人了解道路上的特殊情况,提高警觉准备应变防范措施(表2-11)。

警告标线图示及含义　　　　　　　　　　　　　　　表2-11

图示		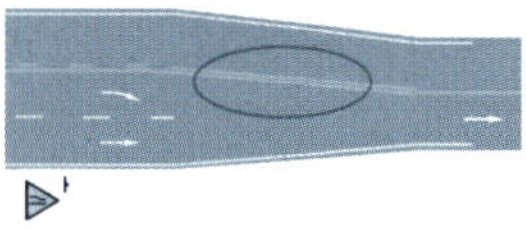	
含义	车行道横向减速标线	路面宽度或车道数变化标线	
图示	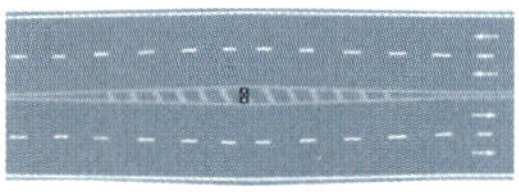	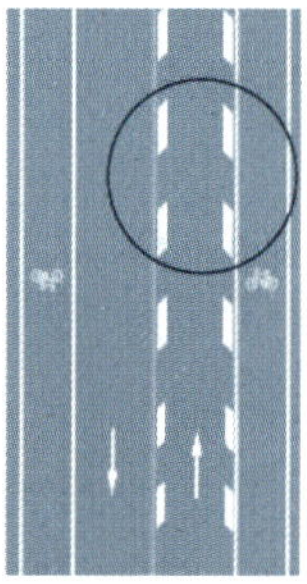	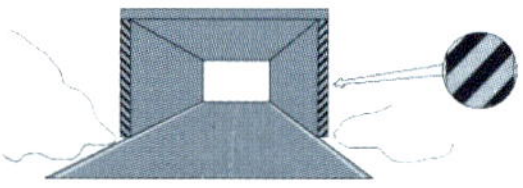
含义	接近障碍物标线	车行道纵向减速标线	立面标记

4.交通警察手势的分类、含义、识别和作用

交通警察的指挥分为手势信号和使用器具的交通指挥信号。在路口遇有交通信号灯和交通警察指挥不一致时,按照交通警察指挥通行(表2-12)。

交通警察手势图示及含义　　　　　　　　　　　　　表2-12

图示		
含义	停止信号	直行信号

单元2 道路交通法律法规相关知识

续上表

图示	
含义	左转弯信号
图示	
含义	右转弯信号
图示		
含义	左转弯待转信号	变道信号
图示	
含义	减速慢行信号

二、道路通行规定

1. 基本通行规则

我国机动车、非机动车实行右侧通行。除有特别规定的车辆,在保证交通安全的原则下不受行驶路线限制的特许之外,所有的机动车都不准逆行,必须右侧通过。为了规范交通秩序,提高通行效率,机动车、非机动车和行人实行分道行驶。

2. 灯光、喇叭的使用

机动车灯的作用不仅仅是为了在夜间照明,也可起到提示其他机动车驾驶人和行人的作用。使用转向灯是提示后车和行人,将要变更行驶路线;通过路口,交替使用远近光灯的目的是提示其他交通参与者注意来车;向左转弯、向左变更车道、准备超车、驶离停车地点及掉头时,提前开启左转向灯是为了提示后车,将要向左变更行驶路线;路口转弯过程中,持续开启转向灯,主要是为了告知其他驾驶人车辆正在转弯。

驶近急弯、坡道顶端等影响安全视距的路段时,减速慢行并鸣喇叭示意是为了提示对向交通参与者对面有来车(图2-10)。

机动车应当按照下列规定使用转向灯:

(1)向左转弯、向左变更车道、准备超车、驶离停车地点或者掉头时,应当提前开启左转向灯。

(2)向右转弯、向右变更车道、超车完毕驶回原车道、靠路边停车时,应当提前开启右转向灯。

(3)机动车在夜间没有路灯、照明不良或者遇有雾、雨、雪、沙尘、冰雹等低能见度情况下行驶时,应当开启前照灯、示廓灯和后位灯,雾天行驶还应当开启雾灯和危险报警闪光灯。但同方向行驶的后车与前车近距离行驶时,不得使用远光灯。

(4)机动车在夜间通过急弯、坡路、拱桥、人行横道或者没有交通信号灯控制的路口时,应当交替使用远近光灯示意(图2-11)。

(5)机动车在道路上发生故障或者发生交通事故,妨碍交通又难以移动的,应当按照规定开启危险报警闪光灯并在车后 50~100m 处设置警告标志,夜间还应当同时开启示廓灯和后位灯。牵引故障车时,牵引车与被牵引的机动车,在行驶中要开启危险报警闪光灯。

驾驶机动车通过学校和小区应注意观察标志标线,低速行驶,不要鸣喇叭。雾天行车多使用喇叭可引起对方注意,听到对方车辆喇叭声,应鸣喇叭回应,以提示对方车辆。雾天通过交叉路口时,适时鸣喇叭、减速通过(图 2-12)。为了提示对向交通参

图 2-12

与者对面有来车,机动车在驶近急弯、坡道顶端等影响安全视距的路段以及超车或者遇有紧急情况时,应当减速慢行,并鸣喇叭示意。

3. 有划分车道、无划分车道的道路通行

驾驶机动车在没有中心线道路上行驶,要选择在路中间通行,注意给两侧的非机动车和行人留有充足的通行空间。道路没有划分机动车道、非机动车道和人行道的,机动车在道路中间通行,非机动车和行人在道路两侧通行(图 2-13)。

在道路同方向划有两条以上机动车道的,左侧为快速车道,右侧为慢速车道。在快速车道行驶的机动车应当按照快速车道规定的速度行驶,未达到快速车道规定的行驶速度的,应当在慢速车道行驶(图 2-14)。

图 2-13

图 2-14

4. 机动车超车规定

驾驶机动车超车时,为了提醒后车以及前车驾驶人,应当提前开启左转向灯、变换使用远、近光灯或者鸣喇叭。在确认有充足的安全距离后,从前车的左侧超越(便于观察,有利于安全)。超车时,应该尽快超越,减少与被超车并行时间。夜间可选择路宽车少地段超车。超车后,在与被超车辆拉开必要的安全距

离(从右侧后视镜看到被超车全身时)后,开启右转向灯,驶回右侧原车道。

驾驶机动车超车时,如果无法保证与被超车辆的安全间距,应主动放弃超车。超车过程中遇到对面来车时,继续超车易与对面机动车发生剐擦、相碰,要放弃超车。

驾驶机动车在没有道路中心线或者同方向只有一条机动车道的道路上,遇后车发出超车信号时,在条件许可的情况下,应当降低速度、靠右让路。

驾驶机动车行经铁路道口、交叉路口时,由于路口内交通情况复杂,易发生交通事故,不得超车。行经窄桥、弯道、陡坡、隧道、人行横道、市区交通流量大的路段等没有超车条件时,不得超车。遇到前车正在左转弯、掉头、超车或与对面来车有会车可能时,不得超车。不得超越前方执行紧急任务的警车、消防车、救护车、工程救险车。在划有道路中心线的道路上,不得越实线超车。

5. 跟车距离的保持要求

驾驶机动车跟车行驶时,应当与前车保持足以采取紧急制动措施的安全距离。跟车行驶,要随时注意观察前车的动态,遇到前车在路口减速或发出转向信号时,要适当减速加大跟车间距。

安全跟车距离

6. 交叉路口通行

机动车通过有交通信号灯控制的交叉路口,应当按照下列规定通行:

(1)在划有导向车道的路口,按所需行进方向提前驶入导向车道。

(2)准备进入环形路口的让已在路口内的机动车先行。

(3)向左转弯时,靠路口中心点左侧转弯。转弯时开启转向灯,夜间行驶开启近光灯。

(4)遇放行信号时,依次通过。

(5)遇停止信号时,依次停在停止线以外。没有停止线的,停在路口以外。

(6)向右转弯遇有同车道前车正在等候放行信号时,依次停车等候。

(7)在没有方向指示信号灯的交叉路口,转弯的机动车让直行的车辆、行人先行。相对方向行驶的右转弯机动车让左转弯车辆先行。

机动车通过没有交通信号灯控制也没有交通警察指挥的交叉路口,还应当遵守下列规定:

(1)有交通标志、标线控制的,让优先通行的一方先行。

(2)没有交通标志、标线控制的,在进入路口前停车瞭望,让右方道路的来车先行。

(3)转弯的机动车让直行的车辆先行。

(4)相对方向行驶的右转弯的机动车让左转弯的车辆先行。

7. 机动车变更车道规定

驾驶机动车在道路同方向划有两条以上机动车道变更车道时,不得影响相关车道内行驶的机动车的正常行驶。车变更车道前,应仔细观察变道一侧车道车流情况,判断有无变更车道的条件。确认没有影响变更车道的安全隐患后,开启转向灯提示其他车辆,缓慢向一侧变更车道。不得迅速转向驶入相应的车道,妨碍同车道机动车正常行驶。

驾驶机动车行车中,遇到两侧有车辆变更车道时,应减速保持间距,注意避让,不得争道抢行或加速不让。进入交叉路口前,在虚线区域选择行驶路线变更车道;进入交叉路口实线区域后,要按照地面标线的指示通行,不得变更车道转弯或掉头。

8. 机动车限速通行

驾驶机动车上道路行驶时,有交通标志标明行驶速度的,按照标明的行驶速度行驶,不得超过限速标志标明的最高时速。在有限速标志的路段,应该严格遵守限速要求,发现车速超过限速标志的速度时,要及时减速。在没有限速标志的路段,应当保持安全车速。在慢速车道内的机动车超越前车时,可以借用快速车道行驶。

驾驶机动车在没有中心线的城市道路上,最高行驶速度是为30km/h。在没有中心线的公路上,最高行驶速度为40km/h。在同方向只有一条机动车道的城市道路上,最高行驶速度为50km/h。在同方向只有一条机动车道的公路上,最高行驶速度为70km/h。

夜间行驶或者在容易发生危险的路段行驶,以及遇有沙尘、冰雹、雨、雪、雾、结冰等气象条件时,应当降低行驶速度。

机动车行驶中遇有下列情形之一的,最高行驶速度不得超过30km/h:

(1)进出非机动车道,通过铁路道口、急弯路、窄路、窄桥时。

(2)掉头、转弯、下陡坡时。

(3)遇雾、雨、雪、沙尘、冰雹,能见度在50m以内时。

(4)在冰雪、泥泞的道路上行驶时。

(5)牵引发生故障的机动车时。

9. 机动车会车规定

会车规定

驾驶机动车在划有道路中心线的道路上会车时,应做到保持安全速度,不越线行驶。在没有中心隔离设施或者没有中心线的道路上,机动车遇相对方向来车时应当减速靠右行驶,并与其他车辆、行人保持必要的安全距离。

驾驶机动车在有障碍的路段会车,无障碍的一方先行;但有障碍的一方已驶入障碍路段而无障碍的一方未驶入时,有障碍的一方先行(图2-15)。

图2-15

驾驶机动车在狭窄的山路会车,靠山体的一方相对安全,不靠山体的一方优先行驶;在狭窄的坡路会车时,上坡的一方先行;但下坡的一方已行至中途而上坡的一方未上坡时,下坡的一方先行;在狭窄的山路,不靠山体的一方先行。

驾驶机动车夜间会车应当在距相对方向来车150m以外改用近光灯,使用远光灯会造成驾驶人出现炫目,易引发危险。夜间在窄路、窄桥与非机动车会车时应当使用近光灯。

10. 机动车掉头规定

驾驶机动车需要掉头时,要选择交通流量小、不妨碍车辆和行人正常通行的允许掉头的路段和路口。在有中心白虚线的道路上,只要不影响正常交通就可以掉头(图2-16)。在没有禁止掉头或者没有禁止左转弯标志、标线的地点可以掉头,但不得妨碍正常行驶的其他车辆和行人的通行。

路口掉头,应注意观察路口的标志、标线,选择允许掉头的路口,提前开启左转向灯进入掉头导向车道,在路口虚线处缓慢完成掉头。掉头前要停车观察,确认安全后,开启左转向灯,起步掉头(图2-17)。

图2-16   图2-17

机动车在有禁止掉头或者禁止左转弯标志、标线的地点以及在铁路道口、人行横道、桥梁、急弯、陡坡、隧道或者容易发生危险的路段,不得掉头(图2-18)。

11. 机动车倒车规定

机动车倒车时,应当察明车后情况,确认安全后倒车。倒车时要缓慢行驶,注意观察车辆两侧和后方的情况,随时做好停车准备。在一般道路倒车时,若发现有过往车辆通过,应主动停车避让。不得在铁路道口、交叉路口、单行路、桥梁、急弯、陡坡或者隧道中倒车。

图2-18

12. 铁路道口、渡口通行

机动车通过铁路道口时,应当按照交通信号或者管理人员的指挥通行(图2-19)。道路与铁路平面交叉道口有两个红灯交替闪烁或者一个红灯亮时,表示禁止车辆、行人通行;红灯熄灭时,表示允许车辆、行人通行。

通过没有交通信号或者管理人员的铁路道口,应当减速或者停车,在确认安全后通过(图2-20)。通过无人看守的铁路道口时,要做到"一停、二看、三通过"。

图2-19

图2-20

机动车行经渡口,应当服从渡口管理人员指挥,按照指定地点依次待渡。机动车上下渡船时,应当低速慢行。

13. 缓行、拥堵路段或路口通行

机动车遇有前方交叉路口交通阻塞时,应当依次停在路口以外等候,不得进入路口。遇有前方交叉路口交通阻塞时,路口绿灯亮也不能驶入交叉路口,应依次停在路口外等候,等前方道路疏通后,且信号灯为绿灯时方可继续行驶。在遇有前方机动车停车排队等候或者缓慢行驶时,应当依次排队行驶,不得从前方车辆两侧穿插或者超越行驶,不得在人行横道、网状线区域内停车等候(图2-21)。

缓行、拥堵路段通行

在拥堵路段排队行驶时,遇有其他车辆强行穿插行驶,要主动减速或停车让行。在车道减少的路口、路段,遇有前方机动车停车排队等候或者缓慢行驶的,应当每车道一辆依次交替驶入车道减少后的路口、路段(图2-22)。

图2-21

图2-22

14. 漫水路、漫水桥、泥泞路通行

漫水路面影响行车安全、不易通行的原因是无法观察到暗坑和凸起的路面。

图2-23

机动车行经漫水路或者漫水桥时,应当停车察明水情,确认安全后,低速通过涉水路段。涉水后,应保持低速行驶,间断轻踩制动踏板,以尽快恢复制动效果(图2-23)。

驾驶人在行车中经过积水路面时,应特别注意减速慢行。行经两侧有行人和非机动车且有积水的路面时,应减速慢行。

泥泞道路对安全行车的主要影响是车轮极易滑转和侧滑。车辆在泥泞路上制动时,车轮易发生侧滑或甩尾,从而导致交通事故。车辆行至泥泞或翻浆路段时,应停车观察,选择平整、坚实的路段缓慢通过。

15. 避让行人和非机动车

行人参与道路交通的主要特点是行走随意性大、方向多变、喜欢聚集与围观。驾驶机动车行经人行横道时,应当减速行驶,注意观察行人、非机动车动态,确认安全后再通过。遇行人正在通过人行横道,应当停车让行。行驶车道绿灯亮,但车辆前方人行横道仍有行人行走时,应等行人通过后再起步(图2-24)。

图2-24

驾驶机动车看到有学生列队通过人行横道时,应减速,保持足够间距,随时准备停车。遇列队横过道路的学生时,应停车让行。遇残疾人影响通行时,应主动减速礼让。车辆驶近停在车站的公交车辆时,为预防公交车突然起步或行人从车前穿出,应减速并保持足够横向间距,随时准备停车。

驶近没有人行横道的交叉路口时,发现有人横穿道路,应该减速或停车让行。行经没有交通信号的道路时,遇行人横过道路,应当避让。雨天行车,遇撑雨伞和穿雨衣的行人在道路上行走时,提前鸣喇叭,并适当降低车速(图2-25)。

行车中超越同向行驶的非机动车时,应注意观察其动态,减速慢行,与其足够的安全距离。遇有非机动车准备绕行停放的车辆时,应让其先行。有非机动车抢行时,应减速让行。夜间驾驶车辆遇自行车对向驶来时,应使用近光灯,减速或停车让行。

16. 避让特种车、道路养护作业车辆

警车、消防车、救护车、工程救险车执行紧急任务时,其他车辆和行人应当让行(图2-26)。道路养护车辆、工程作业车进行作业时,过往车辆和人员应当注意避让。

图2-25

图2-26

17. 专用车道的要求

道路划设专用车道的,在专用车道内,只准许规定的车辆通行,其目的是不影响专用车的正常通行(图2-27)。某些专用车道规定了专用车的使用时间,在规定时间之外,其他车辆可以进入专用车道行驶。

18. 机动车载物规定

机动车载物应当符合核定的载质量,载物装载长度、宽度不得超出车厢,不得遗洒、飘散载运物(图2-28)。

图2-27

图2-28

19. 驾驶机动车禁止行为

驾驶机动车时,不得有下列行为:

(1)在车门、车厢没有关好时行车。

(2)在机动车驾驶室的前后风窗范围内悬挂、放置妨碍驾驶人视线的物品。

(3)拨打接听手持电话、观看电视等妨碍安全驾驶的行为。

(4)下陡坡时熄火或者空挡滑行。

(5)向道路上抛撒物品。

(6)连续驾驶机动车超过4h未停车休息或者停车休息时间少于20min。

(7)在禁止鸣喇叭的区域或者路段鸣喇叭(图2-29)。

20. 机动车停车规定

机动车应当在规定地点(停车泊位)停放。在道路上临时停车的,不得妨碍其他车辆和行人通行(图2-30)。

图2-29

图2-30

在道路上临时停车,应当遵守下列规定:

(1)在设有禁停标志、标线的路段,在机动车道与非机动车道、人行道之间设有隔离设施的路段以及人行横道、施工地段,不得停车(图2-31)。

(2)交叉路口、铁路道口、急弯路、宽度不足4m的窄路、桥梁、陡坡、隧道以及距离上述地点50m以内的路段,不得停车(图2-32)。

图2-31

图2-32

(3)公共汽车站、急救站、加油站、消防栓或者消防队(站)门前以及距离上述地点30m以内的路段,除使用上述设施的以外,不得停车(图2-33)。

(4)车辆停稳前不得开车门和上下人员,开关车门不得妨碍其他车辆和行人通行。

(5)路边停车应当紧靠道路右侧,机动车驾驶人不得离车,上下人员或者装卸物品后,立即驶离。

21. 机动车故障处置

机动车在道路上发生故障,需要停车排除故障时,驾驶人应当立即开启危险报警闪光灯,将机动车移至不妨碍交通的地方停放;难以移动的,应当持续开启危险报警闪光灯,并在来车方向设置警告标志等措施扩大示警距离,必要时迅速报警(图2-34)。

图2-33

图2-34

机动车在道路上发生故障或者发生交通事故,妨碍交通又难以移动的,应当按照规定开启危险报警闪光灯并在车后50~100m处设置警告标志,夜间还应当同时开启示廓灯和后位灯(图2-35)。

图2-35

22. 牵引故障机动车

牵引故障机动车时,牵引车和被牵引车均应当开启危险报警闪光灯。

三、高速公路通行特殊规定

1. 高速公路限速规定

在高速公路上行驶的小型载客汽车最高车速不得超过120km/h,其他机动车不得超过100km/h(图2-36)。

同方向有两条车道的,左侧车道的最低车速为100km/h;同方向有三条以上车道的,最左侧车道的最低车速为110km/h,中间车道的最低车速为90km/h。道路限速标志标明的车速与上述车道行驶车速的规定不一致的,按照道路限速标志标明的车速行驶(图2-37)。

图2-36

图2-37

2. 进出高速公路

驶入高速公路的收费口时，应选择绿灯亮的入口通行。机动车从匝道驶入高速公路，应当开启左转向灯，在加速车道上加速，并密切注意左侧车道的车流状态，同时用后视镜观察后方的情况，充分利用加速车道的长度加速，确认安全后，在不妨碍已在高速公路内的机动车正常行驶的情况下平顺地驶入行车道（图2-38）。

驶离高速公路时，应当开启右转向灯，驶入减速车道，降低车速后驶离。在最左侧车道行驶的车辆驶离高速公路，要每次向右变更一条车道，直到最右侧车道。如果因疏忽驶过出口，应继续向前行驶，寻找下一个出口（图2-39）。

图2-38

图2-39

3. 跟车距离要求

机动车在高速公路上行驶，车速超过100km/h时，应当与同车道前车保持100m以上的距离，车速低于100km/h时，与同车道前车距离可以适当缩短，但最小距离不得小于50m。

4. 低能见度通行条件下的通行规定

机动车在高速公路上行驶，遇有雾、雨、雪、沙尘、冰雹等低能见度气象条件（图2-40）时，应当遵守下列规定：

（1）能见度小于200m时，开启雾灯、近光灯、示廓灯和前后位灯，车速不得超过60km/h，与同车道前车保持100m以上的距离。

（2）能见度小于100m时，开启雾灯、近光灯、示廓灯、前后位灯和危险报警闪

高速公路低能见度时的行驶要求

光灯,车速不得超过40km/h,与同车道前车保持50m以上的距离。

(3)能见度小于50m时,开启雾灯、近光灯、示廓灯、前后位灯和危险报警闪光灯,车速不得超过20km/h,并从最近的出口尽快驶离高速公路。

图2-40

5.高速公路禁止行为

机动车在高速公路上行驶,不得有下列行为:
(1)倒车、逆行、穿越中央分隔带掉头或者在车道内停车。
(2)在匝道、加速车道或者减速车道上超车。
(3)骑、轧车行道分界线或者在路肩上行驶。
(4)非紧急情况时在应急车道行驶或者停车。

6.高速公路机动车故障处置

机动车在高速公路上发生故障时,驾驶人应当立即开启危险报警闪光灯,将机动车移至不妨碍交通的地方停放;难以移动的,应当持续开启危险报警闪光灯,并在来车方向150m以外设置警告标,车上人员应当迅速转移到右侧路肩上或者应急车道内,并且迅速报警。机动车在高速公路上发生故障,无法正常行驶的,应当由救援车、清障车拖曳、牵引。

课题三 道路交通安全违法行为及处罚

一、道路交通安全违法行政强制措施

1.扣留机动车的情形

有下列情形之一的,公安机关交通管理部门依法扣留车辆:
(1)上道路行驶的机动车未悬挂机动车号牌,未放置检验合格标志、保险标志,或者未随车携带机动车行驶证、驾驶证的。

(2)有伪造、变造或者使用伪造、变造的机动车登记证书、号牌、行驶证、检验合格标志、保险标志、驾驶证或者使用其他车辆的机动车登记证书、号牌、行驶证、检验合格标志、保险标志嫌疑的。

(3)未按照国家规定投保机动车交通事故责任强制保险的。

(4)对发生道路交通事故,因收集证据需要的,可以依法扣留事故车辆。

2. 扣留机动车驾驶证的情形

有下列情形之一的,公安机关交通管理部门依法扣留机动车驾驶证:

(1)饮酒后驾驶机动车的。

(2)将机动车交由未取得机动车驾驶证或者机动车驾驶证被吊销、暂扣的人驾驶的。

(3)机动车行驶超过规定时速50%的。

(4)驾驶有拼装或者达到报废标准嫌疑的机动车上道路行驶的。

(5)在一个记分周期内累积记分达到12分的。

二、道路交通安全违法行为行政处罚

1. 违反道通行规定的处罚

驾驶机动车任何违反道路交通安全法的行为,都属于违法行为。机动车驾驶人违反道路交通安全法律、法规关于道路通行规定的,处警告或者20元以上200元以下罚款。

违反道路交通安全法律、法规的规定,发生重大交通事故,构成犯罪的,依法追究刑事责任。造成交通事故后逃逸的,由公安机关交通管理部门吊销机动车驾驶证,且终生不得重新取得机动车驾驶证。

2. 饮酒、醉酒驾车的处罚

饮酒后驾驶机动车的,处暂扣6个月机动车驾驶证,并处1000元以上2000元以下罚款。因饮酒后驾驶机动车被处罚,再次饮酒后驾驶机动车的,处10日以下拘留,并处1000元以上2000元以下罚款,吊销机动车驾驶证。饮酒后或者醉酒驾驶机动车发生重大交通事故,终生不得重新取得机动车驾驶证。

相关知识:我国司法实践中以血液中酒精含量80mg/100mL作为饮酒与醉酒的分界线。每100mL血液中,酒精含量达到20~79mg,属于酒后开车;酒精含量达到80mg以上,属于醉酒驾车。

3. 涉及登记证书、号牌、证件、标志违法的处罚

上道路行驶的机动车未随车携带行驶证、驾驶证的,公安机关交通管理部门应当扣留机动车,并处警告或者20元以上200元以下罚款。故意遮挡、污损或者不按规定安装机动车号牌的,处警告或者20元以上200元以下罚款。

伪造、变造或者使用伪造、变造的机动车驾驶证的,由公安机关交通管理部门予以收缴,依法拘留,扣留该机动车,并处200元以上2000元以下罚款;构成犯罪的,依法追究刑事责任。

4. 超速等其他违法行为处罚

有下列行为之一的,由公安交通管理部门处200元以上2000元以下罚款:

(1) 未取得机动车驾驶证驾驶机动车的。
(2) 将机动车交由未取得机动车驾驶证的人驾驶的。
(3) 造成交通事故后逃逸,尚不构成犯罪的。
(4) 机动车行驶超过规定时速50%的。

驾驶拼装的机动车或者已达到报废标准的机动车上道路行驶的,公安机关交通管理部门应当予以收缴,强制报废。对驾驶人处200元以上2000元以下罚款,并吊销机动车驾驶证。

三、道路交通安全违法刑事处罚

1. 交通肇事罪

因违反交通运输管理法规,而发生重大事故,致人重伤、死亡或者使公私财产遭受重大损失的,处三年以下有期徒刑或者拘役;交通运输肇事后逃逸或者有其他特别恶劣情节的,处三年以上七年以下有期徒刑;因逃逸致人死亡的,处七年以上有期徒刑。

2. 危险驾驶罪

在道路上驾驶机动车追逐竞驶,情节恶劣的,或者在道路上醉酒驾驶机动车的,处拘役,并处罚金。同时构成其他犯罪的,依照处罚较重的规定定罪处罚。

课题四 道路交通事故处理相关规定

一、道路交通事故现场处理

1. 事故报警

在道路上发生交通事故,造成人身伤亡的,车辆驾驶人应当立即抢救受伤人员,并迅速报告执勤的交通警察或者公安机关交通管理部门。

2. 事故现场处置

在道路上发生交通事故,车辆驾驶人应当立即停车,保护现场。因抢救受伤人员变动现场的,应当标明位置。

机动车与机动车发生财产损失事故,当事人应当在确保安全的原则下,采取现场拍照或者标划事故车辆现场位置等方式固定证据后,立即撤离现场,将车辆移至不妨碍交通的地点,再协商处理损害赔偿事宜(图2-41)。

图2-41

在道路上发生未造成人身伤亡的交通事故,当事人对交通事故事实及成因有争议的,应当迅速报警。

机动车发生交通事故,造成道路、供电、通信等设施损毁的,驾驶人应当报警等候处理,不得驶离。

发生死亡事故、伤人事故的,或者发生财产损失事故且有下列情形之一的,当事人应当保护现场并立即报警:

(1)驾驶人有饮酒、服用国家管制的精神药品或者麻醉药品嫌疑的。

(2)机动车无号牌或者使用伪造、变造的号牌的。

(3)当事人不能自行移动车辆的。

公安机关及其交通管理部门接到报警的,应当受理,制作受案登记表并记录下列内容:

(1)报警方式、时间,报警人姓名、联系方式,电话报警的,还应当记录报警电话。

(2)发生或者发现道路交通事故的时间、地点。

(3)人员伤亡情况。

(4)车辆类型、车辆号牌号码,是否载有危险物品以及危险物品的种类、是否发生泄漏等。

(5)涉嫌交通肇事逃逸的,还应当询问并记录肇事车辆的车型、颜色、特征及其逃逸方向、逃逸驾驶人的体貌特征等有关情况。

二、交通事故处理

1. 自行协商事故处理

在道路上发生交通事故,仅造成轻微财产损失,并且基本事实清楚的,当事人应当先撤离现场再进行协商处理。

在道路上发生交通事故,未造成人身伤亡,当事人对事实及成因无争议的,可以即行撤离现场,恢复交通,自行协商处理损害赔偿事宜。

2. 事故现场的强制撤离

在道路上发生交通事故后,对应当自行撤离现场而未撤离的,交通警察应当责令当事人撤离现场;造成交通堵塞的,对驾驶人处以200元罚款。车辆发生轻微剐蹭事故,双方驾驶人争执不下,坚持在原地等待警察来处理,造成路面堵塞,驾驶人的行为会受到罚款处罚。

3. 道路交通事故认定

机动车之间发生交通事故的,由有过错的一方承担赔偿责任。机动车与非机动车驾驶人、行人之间发生交通事故,机动车一方没有过错的,承担不超过10%的赔偿责任。交通事故的损失是由非机动车驾驶人、行人故意碰撞机动车造成的,机动车一方不承担赔偿责任。当事人故意破坏、伪造现场、毁灭证据的,承担全部责任。

课题五　客车有关规定

一、驾驶证申请与报考规定

1. 年龄条件

(1) 申请城市公交车、中型客车、无轨电车或者有轨电车准驾车型的,在 20 周岁以上、60 周岁以下。

(2) 申请大型客车准驾车型的,在 22 周岁以上、60 周岁以下。

(3) 接受全日制驾驶职业教育的学生,申请大型客车准驾车型的,在 19 周岁以上、60 周岁以下。

2. 身体条件

(1) 申请大型客车、城市公交车、无轨电车准驾车型的,身高为 155cm 以上。申请中型客车准驾车型的,身高为 150cm 以上。

(2) 申请大型客车、城市公交车、中型客车、无轨电车或者有轨电车准驾车型的,两眼裸视力或者矫正视力达到对数视力表 5.0 以上。

(3) 无红绿色盲。

(4) 两耳分别距音叉 50cm 能辨别声源方向。

(5) 双手拇指健全,每只手其他手指必须有三指健全,肢体和手指运动功能正常。

(6) 双下肢健全且运动功能正常,不等长度不得大于 5cm。

(7) 躯干、颈部无运动功能障碍。

3. 不得申请大型客车、城市公交车、中型客车准驾车型的情形

(1) 发生交通事故造成人员死亡,承担同等以上责任的;

(2) 醉酒后驾驶机动车的;

(3) 再次饮酒后驾驶机动车的;

(4) 有吸食、注射毒品后驾驶机动车行为的,或者有执行社区戒毒、强制隔离戒毒、社区康复措施记录的;

(5) 驾驶机动车追逐竞驶、超员、超速、违反危险化学品安全管理规定运输危

险化学品构成犯罪的；

(6) 被吊销或者撤销机动车驾驶证未满十年的；

(7) 未取得机动车驾驶证驾驶机动车，发生负同等以上责任交通事故造成人员重伤或者死亡的。

4. 校车驾驶资格条件

(1) 取得相应准驾车型驾驶证并具有三年以上驾驶经历，年龄在25周岁以上、不超过60周岁。

(2) 最近连续三个记分周期内没有被记满12分记录。

(3) 无致人死亡或者重伤的交通事故责任记录。

(4) 无酒后驾驶或者醉酒驾驶机动车记录，最近一年内无驾驶客运车辆超员、超速等严重交通违法行为记录。

(5) 无犯罪记录。

(6) 身心健康，无传染性疾病，无癫痫病、精神病等可能危及行车安全的疾病病史，无酗酒、吸毒行为记录。

5. 申请驾驶证规定

(1) 初次申领机动车驾驶证的，可以申请准驾车型为城市公交车、大型货车、无轨电车、有轨电车的机动车驾驶证。已持有机动车驾驶证，申请增加准驾车型的，可以申请增加的准驾车型为大型客车、城市公交车、中型客车、无轨电车、有轨电车。

已持有大型客车、城市公交车、中型客车准驾车型驾驶证申请增加轻型牵引挂车准驾车型的，应当考试科目二和科目三安全文明驾驶常识。

(2) 申请增加中型客车准驾车型的，已取得驾驶城市公交车、大型货车、小型汽车、小型自动挡汽车、低速载货汽车或者三轮汽车准驾车型资格二年以上，并在申请前最近连续二个记分周期内没有记满12分记录。

(3) 申请增加大型客车准驾车型的，已取得驾驶城市公交车、中型客车准驾车型资格二年以上、已取得驾驶大型货车准驾车型资格三年以上，或者取得驾驶重型牵引挂车准驾车型资格一年以上，并在申请前最近连续三个记分周期内没有记满12分记录。

6. 预约考试规定

(1) 报考大型客车、城市公交车、中型客车准驾车型的，在取得驾驶技能准考证明满20日后预约科目二考试。

(2)报考大型客车、城市公交车、中型客车准驾车型的,在取得学习驾驶证明满四十日后预约考试。属于已经持有汽车类驾驶证,申请增加准驾车型的,在取得学习驾驶证明满 30 日后预约科目三考试。

(3)已持有大型客车、城市公交车、中型客车准驾车型驾驶证申请增加轻型牵引挂车准驾车型的,应当考试科目二和科目三安全文明驾驶常识。

7. 驾驶证管理规定

(1)驾驶人年龄在 60 周岁以上的,不得驾驶大型客车、城市公交车、中型客车、无轨电车和有轨电车。

(2)驾驶人年龄在 60 岁以上持有大型客车、城市公交车、中型客车驾驶证的,应当到机动车驾驶证核发地车辆管理所换领准驾车型为小型汽车或者小型自动挡汽车的机动车驾驶证。

二、审验、检验规定

1. 驾驶证审验

持有大型客车、城市公交车、中型客车驾驶证的驾驶人,应当在每个记分周期结束后三十日内到公安机关交通管理部门接受审验。但在一个记分周期内没有记分记录的,免予本记分周期审验。

持有大型客车、城市公交车、中型客车驾驶证一个记分周期内有记分的,审验时应当参加不少于三小时的道路交通安全法律法规、交通安全文明驾驶、应急处置等知识学习,并接受交通事故案例警示教育。

2. 车辆审验

营运载客汽车从注册登记之日起,5 年以内每年检验 1 次,超过 5 年每 6 个月检验 1 次。营运机动车在规定检验期限内经安全技术检验合格的,不再重复进行安全技术检验。

大型、中型非营运载客汽车从注册登记之日起,10 年以内每年检验 1 次,超过 10 年每 6 个月检验 1 次。营运机动车改为非营运机动车的,机动车所有人要向公安机关交通管理部门申请登记。

三、管理规定

1. 客车载货、牵引规定

载客汽车除车身外部的行李架和内置的行李舱外,不得载货。载客汽车行李架载货时,从地面起高度不得超过 4m。大型、中型载客汽车不得牵引挂车。

2. 公路客运车辆载客规定

客车载人不得超过核定的人数,公路客运车辆载客超过核定乘员,公安机关交通管理部门依法扣留机动车后,驾驶人应当将超载的乘车人转运,费用由超载机动车的驾驶人或者所有人承担。载客超过额定乘员,但没有超过额定乘员 20% 的,处 200 元以上、500 元以下罚款。载客超过额定成员 20% 或者违反规定载货的,处 500 元以上、2000 元以下罚款。

3. 实习期规定

机动车驾驶人在实习期内不得驾驶公共汽车、营运客车或者执行任务的警车、消防车、救护车、工程救险车以及载有爆炸物品、易燃易爆化学物品、剧毒或者放射性等危险物品的机动车;增加准驾车型后的实习期内,驾驶原准驾车型的机动车时不受限制。

四、安全驾驶行为规定

1. 安全起步

客车在起步前,应检查行李包是否装捆牢固,长、宽、高及重量是否符合规定,不得将行李放置在门道或者过道上;安装乘客安全带的车辆,应要求乘客在起步前按规定使用安全带。为保障乘车人不受伤害,客车驾驶人或乘务员应当向乘客讲解安全门的使用方法。起步时,向乘客强调不要将手、头部以及其他部位伸出窗外。

2. 安全行车

驾驶客车起步、行驶和停车时,应当平稳,避免乘客受伤。严禁在车辆未停稳或行驶途中开启车门,以防乘客被甩出酿成事故。城市公共汽车不得在站点以外的路段停车上下乘客。铰接式客车不得进入高速公路。

客车驾驶人在行车中,应始终保持良好的心理状态,不得带着不良情绪驾驶车辆。驾驶客车行经转弯、上下坡、凹凸路时,应让乘客抓住车内固定物,尤其提醒后排乘客注意安全。通过险桥、漫水桥、渡口、危险地段前,应当组织乘客下车。客车在加油站加油时,应当提醒乘客不能拨打手机、吸烟。

3. 应急处置

驾驶客车在行驶中遇险时,驾驶人要做到优先保护乘客人身安全。遇非常情况或者发生事故时,驾驶人应力所能及的将损失降到最低限度,决不能因紧急避险造成二次事故或更大的损失。客车在遇险时,驾驶人应果断地采取一切有效措施保护乘客不受伤害或少受伤害,要避免车辆发生倾覆。

驾驶客车在山区、桥梁、高速公路遇紧急情况避险时,应先使用制动减速,再转动转向盘避让。遇碰刮或制动失效时,应迅速告知乘客向车厢中部或没有被刮碰的一侧挤靠,并抓住车内固定物,注意防范车身变形挤伤身体。

客车遇险后,应设法开启车门、安全门或紧急出口,迅速疏散车上乘客;没有安全门的,可用车上配备的铁锤或者其他物品将车窗玻璃敲破,从窗口疏散乘客。遇紧急情况时,客车的顶窗也可用作疏散乘客的紧急出口。

客车失火后,如果无法开启驾驶室门或车门逃离火灾时,为了减少伤害,应尽快组织乘客砸碎侧风窗玻璃逃生。

五、违法处罚规定

1. 饮酒或酒醉驾驶处罚

饮酒后驾驶营运机动车的,处十五日拘留,并处 5000 元罚款,吊销驾驶证,5 年内不得重新取得机动车驾驶证。因饮酒后驾驶机动车被处罚,再次饮酒后驾驶机动车的,处十日以下拘留,并处 1000 元以上、2000 元以下罚款,并吊销机动车驾驶证。

醉酒驾驶营运机动车的,由公安机关交通管理部门约束至酒醒,吊销机动车驾驶证,10 年内不得重新取得机动车驾驶证,并依法追究刑事责任;重新取得机动车驾驶证后,不得驾驶营运机动车。

2. 驾驶客车违法行为记分

道路交通安全违法行为记分周期为 12 个月,满分为 12 分。

记分周期自机动车驾驶人初次领取机动车驾驶证之日起连续计算,或者自初次取得临时机动车驾驶许可之日起累积计算。

根据道路交通安全违法行为的严重程度,一次记分的分值为:12 分、9 分、6 分、3 分、1 分(表2-13)。

单元2　道路交通法律法规相关知识

道路交通安全违法行为记分分值（A1、A3、B1 车型）　表2-13

记 分 分 值	交通违法行为记分项目
一次记12分	（1）饮酒后驾驶客车的； （2）驾驶客车造成致人轻伤以上或者死亡的交通事故后逃逸，尚不构成犯罪的； （3）使用伪造、变造的客车号牌、行驶证、驾驶证、校车标牌或者使用其他机动车号牌、行驶证的； （4）驾驶校车、公路客运汽车、旅游客运汽车载人超过核定人数20%以上的； （5）驾驶校车、中型以上载客汽车在高速公路、城市快速路上行驶超过规定时速20%以上； （6）驾驶客车在高速公路、城市快速路上倒车、逆行、穿越中央分隔带掉头的
一次记9分	（1）驾驶7座以上载客汽车载人超过核定人数50%以上未达到100%； （2）驾驶校车、中型以上载客汽车在高速公路、城市快速路以外的道路上行驶超过规定时速50%以上的； （3）驾驶客车在高速公路或者城市快速路上违法停车的； （4）驾驶未悬挂客车号牌或者故意遮挡、污损客车号牌的机动车上道路行驶的； （5）驾驶与准驾车型不符的客运汽车的； （6）未取得校车驾驶资格驾驶校车的； （7）连续驾驶中型以上载客汽车超过4h未停车休息或者停车休息时间少于20min的
一次记6分	（1）驾驶校车、公路客运汽车、旅游客运汽车载人超过核定人数未达到20%，或者驾驶7座以上载客汽车载人超过核定人数20%以上未达到50%的； （2）驾驶校车、中型以上载客汽车在高速公路、城市快速路上行驶超过规定时速未达到20%，或者在高速公路、城市快速路以外的道路上行驶超过规定时速20%以上未达到50%的；

79

续上表

记 分 分 值	交通违法行为记分项目
一次记6分	(3)驾驶客车不按交通信号灯指示通行的； (4)机动车驾驶证被暂扣或者扣留期间驾驶客车的； (5)驾驶客车造成致人轻微伤或者财产损失的交通事故后逃逸,尚不构成犯罪的； (6)驾驶客车在高速公路或者城市快速路上违法占用应急车道行驶的
一次记3分	(1)驾驶客车在高速公路或者城市快速路上不按规定车道行驶的； (2)驾驶客车不按规定超车、让行,或者在高速公路、城市快速路以外的道路上逆行的； (3)驾驶客车遇前方机动车停车排队或者缓慢行驶时,借道超车或者占用对面车道、穿插等候车辆的； (4)驾驶客车有拨打、接听手持电话等妨碍安全驾驶的行为的； (5)驾驶客车行经人行横道不按规定减速、停车、避让行人的； (6)驾驶客车不按规定避让校车的； (7)驾驶不按规定安装机动车号牌的客车上道路行驶的； (8)客车在道路上车辆发生故障、事故停车后,不按规定使用灯光或者设置警告标志的； (9)驾驶未按规定定期进行安全技术检验的公路客运汽车、旅游客运汽车上道路行驶的； (10)驾驶校车上道路行驶前,未对校车车况是否符合安全技术要求进行检查,或者驾驶客车在高速公路上行驶低于规定最低时速的
一次记1分	(1)驾驶校车、中型以上载客汽车在高速公路、城市快速路以外的道路上行驶超过规定时速10%以上未达到20%的；

续上表

记分分值	交通违法行为记分项目
一次记1分	（2）驾驶客车不按规定会车，或者在高速公路、城市快速路以外的道路上不按规定倒车、掉头的； （3）驾驶客车不按规定使用灯光的； （4）驾驶客车违反禁令标志、禁止标线指示的； （5）驾驶客车在道路上行驶时，客驾驶人未按规定系安全带的

课题六　货车有关规定

一、驾驶证申请与报考规定

1. 年龄条件

（1）申请大型货车、轻型牵引挂车准驾车型的，在20周岁以上、60周岁以下。

（2）申请重型牵引挂车准驾车型的，在22周岁以上、60周岁以下。

（3）接受全日制驾驶职业教育的学生，申请重型牵引挂车准驾车型的，在19周岁以上、60周岁以下。

2. 身体条件

（1）申请重型牵引挂车、大型货车准驾车型的，身高为155cm以上。

（2）申请重型牵引挂车、大型货车准驾车型的，两眼裸视力或者矫正视力达到对数视力表5.0以上。

（3）无红绿色盲。

（4）两耳分别距音叉50cm能辨别声源方向。

（5）双手拇指健全，每只手其他手指必须有三指健全，肢体和手指运动功能正常。

（6）双下肢健全且运动功能正常，不等长度不得大于5cm。

（7）躯干、颈部无运动功能障碍。

3. 不得申请牵引车、大型货车准驾车型的情形

(1) 发生交通事故造成人员死亡,承担同等以上责任的;

(2) 醉酒后驾驶机动车的;

(3) 再次饮酒后驾驶机动车的;

(4) 有吸食、注射毒品后驾驶机动车行为的,或者有执行社区戒毒、强制隔离戒毒、社区康复措施记录的;

(5) 驾驶机动车追逐竞驶、超员、超速、违反危险化学品安全管理规定运输危险化学品构成犯罪的;

(6) 被吊销或者撤销机动车驾驶证未满十年的;

(7) 未取得机动车驾驶证驾驶机动车,发生负同等以上责任交通事故造成人员重伤或者死亡的。

4. 申请驾驶证规定

(1) 初次申领机动车驾驶证的,可以申请准驾车型为大型货车机动车驾驶证。已持有机动车驾驶证,申请增加准驾车型的,可以申请增加重型牵引挂车、大型货车。

(2) 申请增加轻型牵引挂车准驾车型的,已取得驾驶小型汽车、小型自动挡汽车准驾车型资格一年以上;在本记分周期和申请前最近一个记分周期内没有记满12分记录。

(3) 申请增加重型牵引挂车准驾车型的,已取得驾驶中型客车或者大型货车准驾车型资格二年以上,或者取得驾驶大型客车准驾车型资格一年以上,并在申请前最近连续二个记分周期内没有记满12分记录;

(4) 报考重型牵引挂车、大型货车准驾车型的,在取得学习驾驶证明满四十日后预约考试。属于已经持有汽车类驾驶证,申请增加准驾车型的,在取得学习驾驶证明满三十日后预约科目三考试。

5. 预约考试规定

(1) 报考重型牵引挂车、大型货车、轻型牵引挂车准驾车型的,在取得学习驾驶证明满二十日后预约科目二考试。

(2) 报考重型牵引挂车、大型货车准驾车型的,在取得学习驾驶证明满四十日后预约考试。属于已经持有汽车类驾驶证,申请增加准驾车型的,在取得学习驾驶证明满三十日后预约考试。

(3) 已持有大型货车准驾车型驾驶证申请增加轻型牵引挂车准驾车型的,应

当考试科目二和科目三安全文明驾驶常识。

6. 驾驶证管理规定

(1) 年龄在 60 周岁以上的,不得驾驶重型牵引挂车、大型货车、轮式专用机械车。

(2) 驾驶人年龄在 60 岁以上持有重型牵引挂车、大型货车驾驶证的,应当到机动车驾驶证核发地或者核发地以外的车辆管理所换领准驾车型为小型汽车或者小型自动挡汽车的机动车驾驶证,其中属于持有重型牵引挂车驾驶证的,还可以保留轻型牵引挂车准驾车型。

(3) 已取得大型货车准驾车型资格 5 年以上,或者取得驾驶牵引车准驾车型资格 2 年以上,并在申请前最近连续 5 个记分周期内没有满分记录,可以申请增加大型客车准驾车型。

二、审验、检验规定

1. 驾驶证审验

(1) 持有重型牵引挂车、大型货车驾驶证的驾驶人,应当在每个记分周期结束后三十日内到公安机关交通管理部门接受审验。但在一个记分周期内没有记分记录的,免予本记分周期审验。

(2) 持有重型牵引挂车、大型货车驾驶证一个记分周期内有记分的,审验时应当参加不少于 3 个小时的道路交通安全法律法规、交通安全文明驾驶、应急处置等知识学习,并接受交通事故案例警示教育。

2. 车辆审验

载货汽车从注册登记之日起,10 年以内每年检验 1 次;超过 10 年的,每隔 6 个月检验 1 次,每年检验 2 次。营运机动车在规定检验期限内经安全技术检验合格的,不再重复进行安全技术检验。

三、管理规定

1. 货车装载规定

机动车载物不得超过机动车行驶证上核定的载质量,装载长度、宽度不得超出车厢。重型、中型载货汽车,半挂车载物,高度从地面起不得超过 4m,载运集装箱的车辆不得超过 4.2m;其他载货的机动车载物,高度从地面起不得超过 2.5m。

载货汽车车厢不得载客。在城市道路上,货运机动车在留有安全位置的情况下,车厢内可以附载临时作业人员 1~5 人;载物高度超过车厢栏板时,货物上不得载人。在高速公路上行驶的载货汽车车厢内不得载人。

2. 货车牵引规定

牵引车拖带挂车时,挂车必须装有有效的制动装置。载货汽车、半挂牵引车、拖拉机只允许牵引一辆挂车。挂车的灯光信号、制动、连接、安全防护等装置应当符合国家标准;载货汽车所牵引挂车的载质量不得超过载货汽车本身的载质量。

3. 货车超载处罚

货运机动车严禁超载,装载超过核定质量的,公安机关交通管理部门应当扣留机动车,直至消除违法状态。超过核定载质量,但没有超过核定载质量 30% 的,处 200 元以上 500 元以罚款;超过核定载质量 30% 或者违反规定载客的,处 500 元以上 2000 元以下罚款。

4. 特殊货物运输规定

货运机动车运载超限不可解体物品影响交通安全的,应当按照公安机关交通管理部门指定的时间、路线、速度行驶,并悬挂明显标志。

货运机动车载运危险化学品,应当经公安机关批准后,按指定的时间、路线、速度行驶,悬挂警示标志并采取必要的安全措施。

5. 实习期规定

机动车驾驶人在实习期内不得驾驶公共汽车、营运客车或者执行任务的警车、消防车、救护车、工程救险车以及载有爆炸物品、易燃易爆化学物品、剧毒或者放射性等危险物品的机动车;增加准驾车型后的实习期内,驾驶原准驾车型的机动车时不受限制。

四、安全驾驶行为规定

1. 挂车连接与分离

牵引车拖带挂车时,挂车必须装有有效的制动装置。连接半挂车时,使牵引车的牵引座与挂车的牵引销连接后,将锁止杆置于锁止位置。连接全挂车时,将牵引车的牵引钩与挂车挂钩连接好,并将牵引钩锁止好,连接制动管路接头、灯用电缆插头等。

单元2　道路交通法律法规相关知识

分离半挂车时,先降下挂车支承架,然后断开制动管路接头和灯用电缆插头,开启牵引座锁止机构,将牵引车驶离挂车。

2. 安全起步

驾驶柴油货车在寒冷状态下起动时,先将点火开关钥匙置于 ON 上预热,预热灯熄灭后再起动。驾驶大型货车起步前除要观察后视镜以外,还应观察前下视镜,以看清前风窗玻璃前下方长 1.5m、宽 3m 范围内的情况。

3. 速度控制

驾驶汽车列车换挡减挡时机,要比一般单车辆提前。行驶中尽量保持速度平稳,控制好加速踏板。车速忽快忽慢,很容易因挂车的惯性引起车辆耸动而无法控制。牵引挂车要实现少制动、少减速,就要控制好行车速度,提前判断和处理道路情况。

4. 安全超车

驾驶牵引带挂车尽量不超车,需要超车必须确认前方有充裕的空间,在距前车 150m 以外,观察前方路况,在确保路况良好,视野良好的状况下,开启左转向灯提前驶向道路一侧,在接近前车时,适当鸣喇叭,夜间频闪前照灯,同时察看前车的动向。在确认前车让行,且无左摇右晃倾向或变道意识时,大角度绕行超越。超越后不要马上驶回,挂车一般很长,一定要留出距离,最好在距被超车 500m 左右时,再驶回正常行车道。

超车时一定要提防被超车辆后视镜被货物遮挡看不到闪灯提示,或因本身噪声听不到喇叭声的情况。另外,还要考虑到挂车的长度和车本身的速度,留出足够的间距。离前车太近时向两侧转向,会造成车辆甩尾失控。超车后过早驶回,都会因车厢长度的原因引发剐碰事故。

5. 安全转弯

牵引车带挂车后,车的整体长度加长,牵引车和挂车不同为一体,转弯时牵引车与挂车之间的内轮差和转弯半径都大很多,占用的转弯空间大,挂车轮所处的位置很难判断准确。汽车列车的车身越长,转弯半径会越大;车身或装载越高,转弯时的稳定性会越差。驾驶汽车列车转弯时,牵引车的尾部或挂车部分往往要借用对方车道,转弯过程中要注意做好让车准备。

驾驶汽车列车转弯要选择弯度较大、视线良好,能够满足转弯半径的路口和场地转弯。转弯过程中,要注意观察车内侧和外侧的交通动态,不可转向过急,发现转弯困难立即停车,不可勉强转弯,避免因忽视内轮差和外侧后车厢外甩剐

85

碰其他车辆和行人。转直角弯时,需先判断弯道情况,减速或停车后重新起步,缓慢通过。急转弯时,无论向左或向右,都应降低车速,低速沿车道的外侧通过。

6. 安全倒车

驾驶汽车列车倒车时,由于牵引车的挂车较长,盲区较多,看不到盲区和后方的情况,两侧的情况也只有靠观察后视镜(有时只有一侧的后视镜能看到一边的情况)进行判断,驾驶牵引挂车倒车前,要下车观察车后的情况,确认盲区内的安全。

半挂车倒车时,转动转向盘的方向与单车倒车方向相反,全挂车倒车时,转向盘转动方向与单车倒车方向相同。倒车过程中,一定要控制好速度,注意车身的变化,转动转向盘的幅度要小,不能转向过急,不要反复转方向,以免弄不清楚挂车所在位置,引发刮碰事故。全挂车倒车时,要避免牵引车与挂车形成较小的角度。

7. 坡道行驶

驾驶汽车列车上坡时根据坡度换中、低挡,使发动机的转数尽量保持在最大扭矩附近之内。下坡陡时使用的挡位和上坡时相同,控制车速,严禁空挡滑行。车辆下长坡过程中,遇制动装置温度过高时,不要立即进入冷水中冷却,以免造成制动装置损坏。

8. 牵引带挂车行驶中的注意事项

(1)行驶中避免急制动、急起步、急转弯。

(2)减挡要逐级进行,不要越级减挡,紧急情况除外。

(3)全挂拖斗车不得进入高速公路。

(4)在高速公路上行驶的最高车速不得超过100km/h。

(5)通过桥梁等接合部有落差时,不要慌忙制动急减速,要握紧转向盘通过。

五、违法处罚规定

1. 饮酒或酒醉驾驶处罚

饮酒后驾驶营运机动车的,15日拘留,并处5000元罚款吊销机动车驾驶证,5年内不得重新取得机动车驾驶证。醉酒驾驶营运机动车的,由公安机关交通管理部门约束至酒醒,并吊销机动车驾驶证。

2. 驾驶货车违法行为记分

道路交通安全违法行为记分周期为12个月,满分为12分。记分周期自机动车驾驶人初次领取机动车驾驶证之日起连续计算,或者自初次取得临时机动车驾驶许可之日起累积计算。

根据交通违法行为的严重程度,一次记分的分值为 12 分、9 分、6 分、3 分、1 分。(表 2-14)。

道路交通安全违法行为记分分值(A2、B2 车型)　　表 2-14

记 分 分 值	交通违法行为记分项目
一次记 2 分	(1)饮酒后驾驶重型牵引挂车、大型货车的; (2)驾驶重型牵引挂车、大型货车造成致人轻伤以上或者死亡的交通事故后逃逸,尚不构成犯罪的; (3)使用伪造、变造的货车号牌、行驶证、驾驶证或者使用其他机动车号牌、行驶证的; (4)驾驶中型以上载货汽车、危险物品运输车辆在高速公路、城市快速路上行驶超过规定时速 20% 以上; (5)驾驶载货汽车在高速公路、城市快速路上倒车、逆行、穿越中央分隔带掉头的
一次记 9 分	(1)驾驶中型以上载货汽车、危险物品运输车辆在高速公路、城市快速路以外的道路上行驶超过规定时速 50% 以上的; (2)驾驶重型牵引挂车、大型货车在高速公路或者城市快速路上违法停车的; (3)驾驶未悬挂货车号牌或者故意遮挡、污损货车号牌的机动车上道路行驶的; (4)驾驶与准驾车型不符的机动车的; (5)连续驾驶危险物品运输车辆超过 4h 未停车休息或者停车休息时间少于 20min 的
一次记 6 分	(1)驾驶中型以上载货汽车、危险物品运输车辆在高速公路、城市快速路上行驶超过规定时速未达到 20%,或者在高速公路、城市快速路以外的道路上行驶超过规定时速 20% 以上未达到 50% 的;

续上表

记 分 分 值	交通违法行为记分项目
一次记6分	(2)驾驶载货汽车载物超过最大允许总质量百分之五十以上的; (3)驾驶机动车载运爆炸物品、易燃易爆化学物品以及剧毒、放射性等危险物品,未按指定的时间、路线、速度行驶或者未悬挂警示标志并采取必要的安全措施的; (4)驾驶机动车运载超限的不可解体的物品,未按指定的时间、路线、速度行驶或者未悬挂警示标志的; (5)驾驶机动车运输危险化学品,未经批准进入危险化学品运输车辆限制通行的区域的; (6)驾驶货车不按交通信号灯指示通行的; (7)机动车驾驶证被暂扣或者扣留期间驾驶货车的; (8)驾驶载货汽车造成致人轻微伤或者财产损失的交通事故后逃逸,尚不构成犯罪的; (9)驾驶载货汽车在高速公路或者城市快速路上违法占用应急车道行驶的
一次记3分	(1)驾驶载货汽车在高速公路或者城市快速路上不按规定车道行驶的; (2)驾驶载货汽车不按规定超车、让行,或者在高速公路、城市快速路以外的道路上逆行的; (3)驾驶载货汽车遇前方机动车停车排队或者缓慢行驶时,借道超车或者占用对面车道、穿插等候车辆的; (4)驾驶载货汽车有拨打、接听手持电话等妨碍安全驾驶的行为的; (5)驾驶载货汽车行经人行横道不按规定减速、停车、避让行人的; (6)驾驶载货汽车不按规定避让校车的; (7)驾驶载货汽车载物超过最大允许总质量百分之三十以上未达到百分之五十的,或者违反规定载客的;

续上表

记 分 分 值	交通违法行为记分项目
一次记3分	(8)驾驶不按规定安装机动车号牌的载货汽车上道路行驶的； (9)载货汽车在道路上车辆发生故障、事故停车后，不按规定使用灯光或者设置警告标志的； (10)驾驶未按规定定期进行安全技术检验的危险物品运输车辆上道路行驶的； (11)驾驶载货车在高速公路上行驶低于规定最低时速的
一次记1分	(1)驾驶中型以上载货汽车、危险物品运输车辆在高速公路、城市快速路以外的道路上行驶超过规定时速10%以上未达到20%的； (2)驾驶载货汽车不按规定会车，或者在高速公路、城市快速路以外的道路上不按规定倒车、掉头的； (3)驾驶载货汽车不按规定使用灯光的； (4)驾驶载货车违反禁令标志、禁止标线指示的； (5)驾驶机动车载货长度、宽度、高度超过规定的； (6)驾驶载货汽车载物超过最大允许总质量未达到30%的； (7)驾驶擅自改变已登记的结构、构造或者特征的载货汽车上道路行驶的； (8)驾驶载货汽车在道路上行驶时，驾驶人未按规定系安全带的

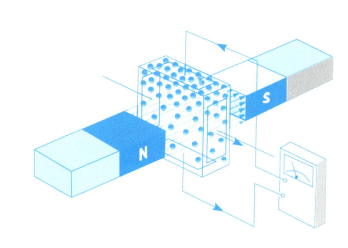

单元3
基础驾驶操作

课题一　上下车动作与上车后调整

一、上、下车动作

1. 上车动作

站在驾驶室左侧门前,用左手握住门把,打开车门。左手移至车门内侧扶住车门,右手顺势握住转向盘(图3-1)。

上车动作

图3-1

右脚伸向加速踏板,侧身使臀部、腰部、上身、左脚依次进入驾驶室,自然坐下。收左脚进驾驶室,放在离合器踏板左下方,右手顺势移至转向盘右上侧。左手将车门关至离门框 10cm 时,稍用力关好车门并确认是否关严,随手锁好车门(图 3-2)。

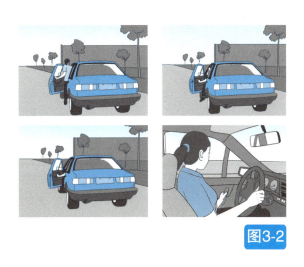

图3-2

2. 下车动作

下车打开车门前,通过内、外后视镜和转头观察车两侧和后方情况,确认有无机动车、非机动车或行人等临近。用左手打开车门一半位置处,再次向后探头观察车辆后方,确认安全后打开车门(图 3-3)。

图3-3

左手扶在车门窗内框,右手握住转向盘左缘,先迈出左脚直接落地,上身、腰部向外、向右转体,右脚随即落地站稳。左手先将车门关至3/4处,再稍用力将门关严,锁好车门(图 3-4)。

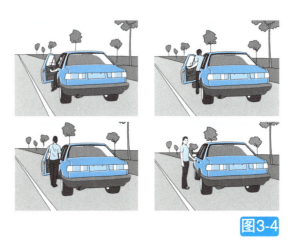

图3-4

二、上车后的调整

1. 调整座椅

驾驶座椅前后位置应调整至驾驶人左脚能轻松地将离合器踏板踩到底（自动挡汽车应调整至驾驶人右脚能自如踩踏行车制动踏板和加速踏板）。大小腿夹角宜大于90°。座椅高度应调整至驾驶人视线从转向盘上方看出，且从转向盘内侧可视完整仪表。座椅靠背角度应调整至驾驶人腰背部与座椅靠背贴合，双手手腕能自然放置于转向盘上沿。座椅头枕应调整至中心高度与头部中心平齐（图3-5）。

调整座椅和头枕

图3-5

单元3　基础驾驶操作

2. 保持正确的坐姿

坐在驾驶座位上,身体应对正转向盘,胸部略挺,腰部、臀部轻靠在靠背上,头部端正,两眼平视前方,左、右两膝自然分开,膝盖微弯曲。两手分别轻松地握住转向盘两侧边缘,肘部微曲(图3-6)。

正确的驾驶姿势

图3-6

3. 调整后视镜

保持正确的驾驶姿势,注视前方调整后视镜(图3-7)。车内后视镜位置应能观察到完整车后窗,镜内地面映像占镜面高度的1/2。左侧外后视镜内地面映像占镜面高度的1/2,左侧车身映像占镜面宽度的1/4。右侧外后视镜内地面映像占镜面高度的2/3,右侧车身映像占镜面宽度的1/4。

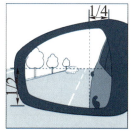

图3-7

4. 系、解安全带

扳动安全带调整钮,根据身高调整安全带的高度,右手缓慢将安全带平顺拉出,使安全带位于肩与颈根部之间,并通过胸部的适当位置,腰部安全带从髋部通过,然后将搭扣插头插入插座里。然后,猛拉安全带,检查自动锁止是否安全有效(图3-8)。

系松安全带

93

图3-8

解脱安全带时,左手抓住安全带,右手用拇指按下搭扣插座上端的按钮,插头便会从插座中脱出(图3-9),然后将安全带平顺地送回卷带器内。

图3-9

课题二 操纵装置的规范操作方法

一、操纵装置操作方法

1. 操纵装置的名称和位置

操纵装置的名称和位置如图3-10所示。

2. 转向盘的操作

双手分别握于转向盘左右两侧,四个手指由外向内握住转向盘,拇指向上贴于转向盘盘缘。双手自然握住转向盘的同时,手指可有效拨动灯光组合开关和刮水器开关(图3-11)。

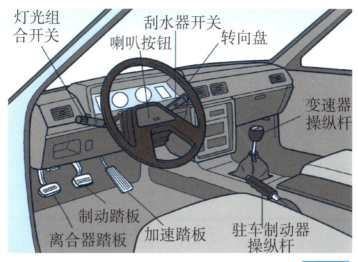

图3-10

两手分别握转向盘两侧

转动转向盘以左手为主,右手为辅

图3-11

车辆行驶时,双手不能同时离开转向盘,除换挡、开启前照灯等情况不应一只手离开转向盘。直线行驶时,应以左手为主,右手为辅,平缓地推动和拉动转向盘。右转弯时,以左手推送,右手上下拉动;左转弯时,以右手推送,左手上下拉动。不宜双手交叉操纵转向盘。

3. 变速器操纵杆的使用

操纵变速器操纵杆时,右手手掌向下自然握住手柄,以手腕和肘关节的力量为主,肩关节为辅(图3-12)。换挡时须先踩下离合器踏板再挂入或摘出。

驾驶手动挡汽车换挡时,应动作平稳、及时准确。升挡应自低挡位逐级换入高挡位,在交通条件允许的情况下,选择高挡位运行。降挡应自高挡位换入预期行驶速度的挡位,且能保持发动机正常运转。倒车应在车辆停止时换入倒挡。换挡时,不应低头看挡,换挡后,右手及时放回转向盘。车辆行驶中,不应空挡滑行。

图3-12

4. 驻车制动器操纵杆的使用

操纵驻车制动器操纵杆时,右手四指并拢,虎口向上,拇指虚按在操纵杆顶端按钮上,将杆柄向后拉紧,观察驻车指示灯亮起。放松时,先将操纵杆稍向后拉,然后大拇指按下杆头按钮,再将杆向下推送到底,观察驻车指示灯熄灭(图3-13)。

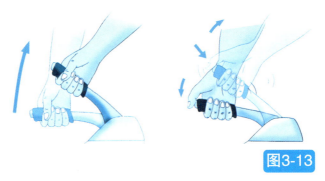

图3-13

5. 离合器踏板的操作

操纵离合器踏板时,用左脚前脚掌踩离合器踏板,利用左腿膝关节的伸屈动作踩下或松抬,脚后跟不应接触驾驶室地板。踩下离合器踏板时,应迅速并一次地完全踩下。松抬离合器踏板时,先稍快松抬离合器踏板,待离合器处于联动点位置时稍作停顿,随后再抬起离合器踏板。不使用离合器踏板时,应将左脚放在离合器踏板左下方的驾驶室地板上(图3-14)。

6. 制动踏板的操作

操纵制动踏板时,右脚脚跟靠在制动踏板下的地板上做支点,前脚掌放在制动踏板上,用踝关节伸屈踩下或松抬(图3-15)。踩制动踏板时,应先轻踩,再逐渐加重,动作应均匀柔和。如需紧急制动时,应迅速踩下制动踏板。

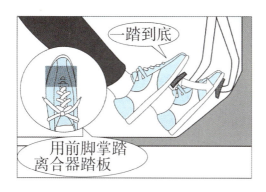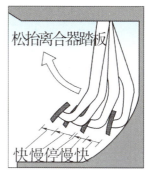

图3-14

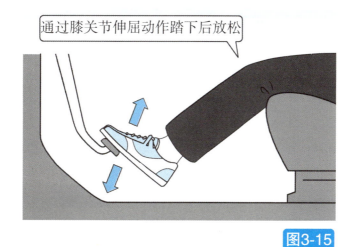

图3-15

7. 加速踏板的操作

操纵小型车加速踏板时,右脚脚跟放在制动踏板支点位置,前脚掌向右偏斜轻踩加速踏板(图3-16)。操纵大型车加速踏板时,应将右脚脚跟移至加速踏板下方地板处做支点,操作加速踏板。操纵踏板用踝关节的伸屈踩下或松抬,应做到"轻踩、缓抬"。踩下离合器踏板前,应先松开加速踏板。

二、开关及操纵手柄

1. 点火开关

转动点火钥匙可接通或切断起动机、点火线路和电器线路。点火开关有四个位置(图3-17),分别标注0或LOCK(插入或拔出点火钥匙位置,在此位置转向盘会被锁住)、Ⅰ或ACC(在此位置时,发动机熄火,其他车用电器可正常使用)、

Ⅱ或ON(发动机工作位置)、Ⅲ或START(起动机工作位置)。

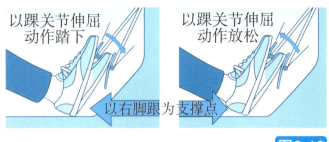

图3-16

图3-17

2. 灯光组合开关

将开关手柄向前转动一挡,示廓灯、边灯和仪表板照明灯亮(图3-18a);将开关手柄向前转动到底,全部照明灯亮(图3-18b);将开关手柄向上拉,近光灯亮,向下推到底,远光灯亮;交替转换近光灯和远光灯时,可在近光灯亮的位置向上提开关变远光灯,放松开关变近光灯(图3-18c);将开关手柄向后转到底,全部照明灯灭(图3-18d)。

3. 转向灯开关

转向灯开关用右手操纵:向斜下方拉开关手柄,左转向灯亮;向斜上方推开关手柄,右转向灯亮(图3-19)。在转向过程中,转向盘回转时,多数车辆手柄会自动复位。

4. 喇叭按钮

按下按钮鸣喇叭,松开按钮停止鸣喇叭(图3-20)。

单元3 基础驾驶操作

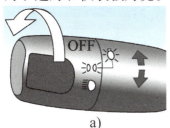
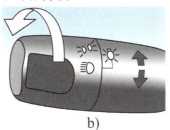

a)   b)

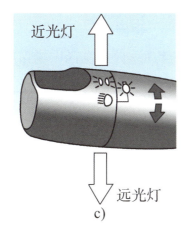
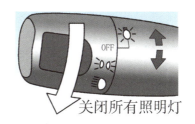

c)   d)

图3-18

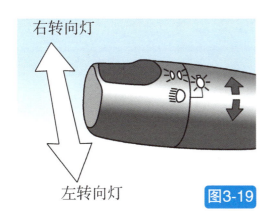

图3-19

图3-20

5. 风窗玻璃刮水器组合开关

风窗玻璃刮水器用右手操纵(图3-21):将开关手柄向下拉或向上推,可选择不同的刮刷挡。

向内提拉开关手柄,前风窗玻璃洗涤器开始清洗风窗玻璃,刮水器自动进行刮刷(图3-22a)。向前转动手柄,后风窗玻璃洗涤器工作,刮水器间歇摆动;回转

99

手柄,后风窗玻璃洗涤器停止工作(图3-22b)。

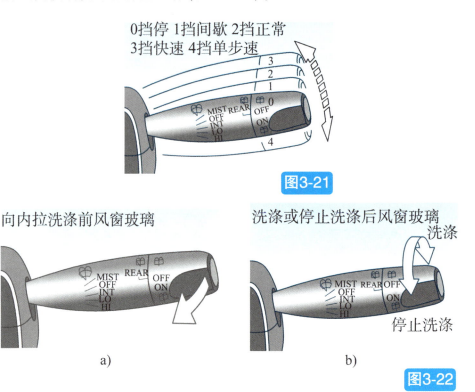

图3-21

图3-22

6. 雾灯开关

向前旋转(或按下前雾灯)开关,前雾指示灯、前雾灯亮;向后旋转(或按下后雾灯)开关,后雾指示灯亮、后雾灯亮(图3-23)。部分车辆前、后雾灯只有在示廓灯、近光灯或远光灯亮时才工作。

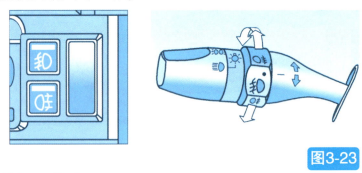

图3-23

7. 后视镜操纵装置

后视镜操纵杆可在车内四个方向上调整车外后视镜(图3-24)。

调整室内后视镜时,用右手直接扳动镜框上下、左右转动角度即可。夜间为了避免后车的直射灯光,可向上扳动后视镜扳钮,白天扳回扳钮,后视镜恢复原位(图3-25)。

图3-24

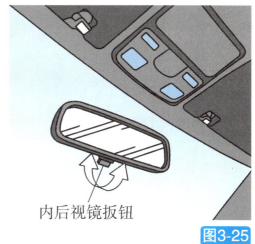

图3-25

8. 行李舱门手柄(按钮)

拉起手柄或按下按钮,行李舱打开(图3-26)。关闭行李舱门时,抓住行李舱门内衬上的手把往下拉,至3/4行程,然后反手按下舱门关闭。

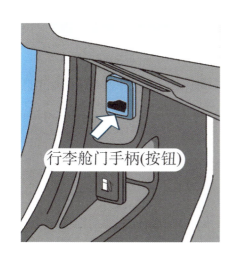

图3-26

9. 发动机舱盖手柄(按钮)

拉起手柄或按下按钮,发动机舱盖打开(图3-27)。提起发动机舱盖边缘上的锁舌,即可掀开发动机舱盖。关闭时,从外部放下发动机舱盖按落到底就位并卡紧。

其他操纵机件可参照使用说明书进行操作。

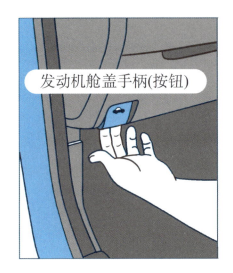

图3-27

课题三　起步、变速、停车、倒车

一、起步

1. 进入驾驶室

进入驾驶室前,应仔细观察车辆周围情况,确保安全。打开车门前,由前向后观察交通情况,确认安全后再打开车门,按规范动作进入驾驶室(图3-28)。上车前不观察周围情况或开启车门直接上车,会存在安全隐患。

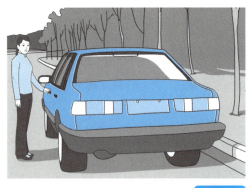

图3-28

进入驾驶室关闭车门,系好安全带,调整驾驶座椅、后视镜、检查仪表,并确认变速器操纵杆已置于空挡位置,有儿童或老人乘坐时,还应当锁好儿童锁,然后起动发动机;发动机起动后,及时松开起动开关。

2. 安全起步

起步时,开启左转向灯、鸣喇叭、松驻车制动器,适量控制发动机转速,缓抬离合器踏板,使车辆平稳起步。操纵加速踏板时要与离合器踏板配合一致,踏下离合器踏板的同时,须抬起加速踏板,防止发动机不必要的高速空转(图3-29)。

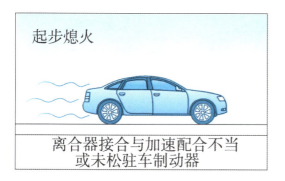
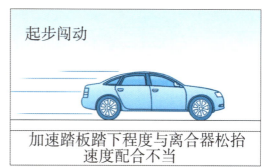

图3-29

起步前挂不进挡位时,可踏松一次离合器踏板后再挂。发现挂错挡位,应立即踏下离合器踏板重新挂挡。挂倒车挡时,应将车完全停住,解除倒挡锁止装置后挂入。

二、变速

1. 加速、加挡

车辆起步后,平稳踏下加速踏板,逐渐提高车速。当车速适合换入高一级挡位时,松抬加速踏板,在踏下离合器踏板的同时,将变速器操纵杆换入高一级挡位,并尽快逐级换至最高挡位(图3-30)。

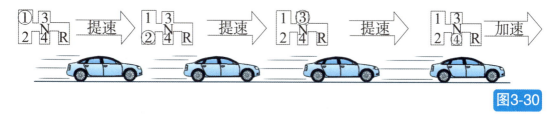

图3-30

换挡动作应连贯、迅速、准确,用力时机恰当。换挡后,将加速踏板保持在一定位置不变,可保持稳定的行驶速度。换挡全过程保持没有间歇时间,手脚配合要柔和协调。换挡位应逐级进行,无故不得越级换挡。

2. 减速、减挡

行车中预见前方需要减速时,应提前抬起加速踏板,利用发动机牵阻作用进行减速。随后将右脚放到制动踏板上,适时地用行车制动器减速(图3-31)。遇紧急情况时,右脚松抬加速踏板后,迅速移至制动踏板,并用力踏下。

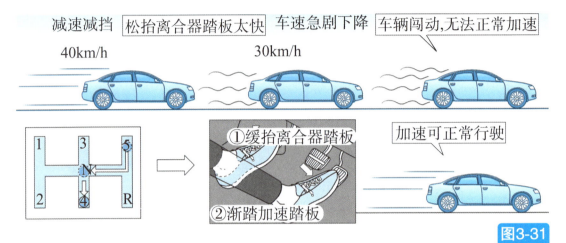

图3-31

减挡时,在右脚抬起加速踏板的同时,左脚踏下离合器踏板,随即将变速器操纵杆换入低一级挡位。若逐级减挡无法保持发动机足够动力时,可越级进行减挡。减挡要注意手腕的爆发力,动作要求连贯、准确、迅速。减挡后,若感到车速太快,应缓慢、有节奏地松抬离合器踏板,切忌将离合器踏板迅速抬起。

三、停车、倒车

1. 停车

停车前开启右转向灯,松抬加速踏板,注意观察前后方道路交通情况,确认安全后逐渐将车驶向道路右侧。先轻踏再逐渐加重或随踏随放平顺减速,当速度降至10km/h时,踏下离合器踏板,车即将停住时稍抬制动踏板,使车辆平稳而正直地停放在道路右侧预定地点(图3-32)。

停车后,拉紧驻车制动器操纵杆,将变速器操纵杆移至空挡位置,放松离合器踏板和制动踏板,关闭点火开关。

2. 倒车

倒车与前进相比,看不见的部分(死角)非常多,操作难度大,在任何时候倒车前都应该认真地进行安全确认(图3-33)。

单元3　基础驾驶操作

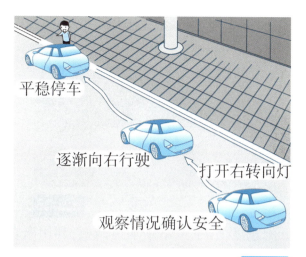

图3-32

驾驶车辆倒车前,要仔细观察倒车路线,确认具备安全倒车条件后方可进行倒车(图3-34)。倒车过程中要低速缓慢行驶,注意观察车辆两侧和后方的情况,并随时注意车头两侧的空间位置,随时做好停车准备,以免因转向角度过大而发生剐蹭事故。即便是后方道路条件较好的,也不得加速倒车。

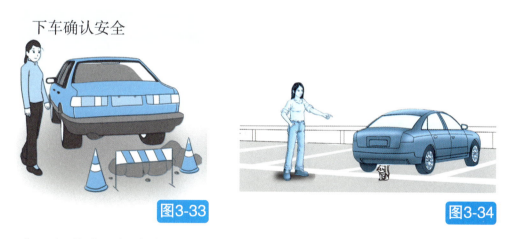

图3-33　　　　　　　　　　　　图3-34

在一般道路上倒车应避开交通繁忙、非机动车和行人较多、路面狭窄的路段。倒车时,若发现有过往车辆通过,要主动停车避让。

倒车时,左手握住转向盘上部,身体向右后转(不要只转头),下身向右微斜,右手扶住右侧座椅靠背上端,通过后车窗以远处物体作参考目标,尽量看比较远的地方(图3-35)。车后面看不到的地方,可利用后视镜进行观察。倒车过程中低速行驶,发现偏差,及时调整转向盘进行修正,转向盘的转动方向与倒车方向一致。

图3-35

倒车要保持较低的速度,几乎可不踏加速踏板,利用离合器半联动,控制车速慢慢后倒。需要加速或遇到不平的路面,一定要轻踏加速踏板,保持能随时控制停车的速度。当速度较低时,可适量踏下离合器踏板,避免发动机熄火。

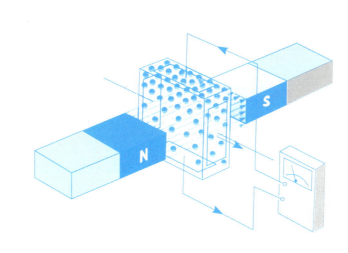

单元 4

场地与场内道路驾驶

课题一 倒车入库

一、场地设置

场地设置目的为正确判断车辆倒车轨迹,在运动中操纵车辆从两侧正确倒入车库。培养驾驶准驾车型安全倒入垂直式停车位和停车入库时控制车辆的实际驾驶能力。场地如图 4-1 所示。

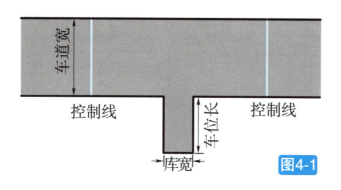

图4-1

二、驾驶操作

1. 操作要求

从道路一端控制线(两个前轮触地点在控制线以外)倒入车库停车,再前进出库,向另一端控制线行驶,倒入车库停车,最后前进驶出车库,回到起始点。车辆进退中途不得停车,完成时间不得超过210s(三分半)。

2. 练习方法

(1)将车与边线保持1.2～1.5m间距在起点停正;调整好倒车的驾驶姿势,挂倒挡从起点直线倒车(图4-2)。

(2)当车头后端与车库右侧边线平行时,将转向盘向右打到极限位置(图4-3)。

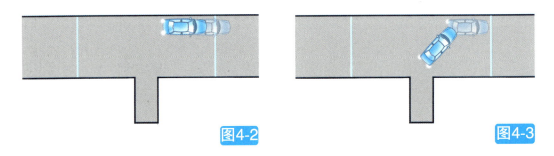

图4-2　　　　　　　　　　　　　图4-3

(3)从右后视镜观察车尾与左侧边线的距离,当车左后角进入车库后,将转向盘向右回一圈(图4-4)。

(4)从左后视镜或后视窗中看到车身即将摆正时,回正转向盘,保持车身直线倒车进车库;当车前端进入车库后,迅速停车(图4-5)。

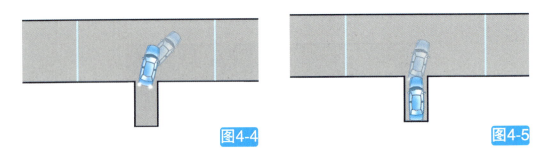

图4-4　　　　　　　　　　　　　图4-5

(5)从车库内起步,保持直线行驶,当车中心出库后,迅速向左将转向盘打到极限位置;当车身与车库边线平行,车头超过控制线后时,摆正转向盘后停车(图4-6)。

(6)挂倒挡起步后,将车与边线保持1.2~1.5m间距行驶;当车后端与车库左侧边线平行时,将转向盘向右打到极限位置(图4-7)。

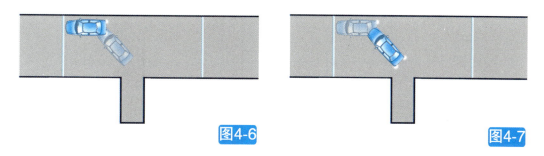

图4-6　　　　　　　　　　　图4-7

(7)从右后视镜观察与右侧边线的距离,当车右后角进入车库后,将转向盘向右回一圈(图4-8)。

(8)从两侧后视镜或后视窗中看到车身即将摆正时,回正转向盘,保持车身直线倒车进车库;当车前端进入车库后,迅速停车(图4-9)。

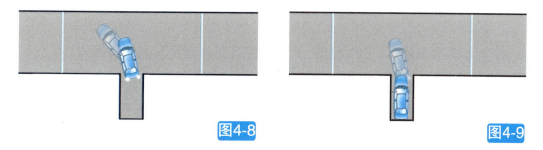

图4-8　　　　　　　　　　　图4-9

3. 注意事项

(1)必须按规定路线、顺序行驶。

(2)车身任何部位不得出线。

(3)车身要倒进车库。

(4)中途不得停车或完成时间超过规定时间。

课题二　坡道定点停车和起步

一、场地设置

场地设置目的为训练机动车驾驶人在坡道上驾驶车辆的技能,准确判断车辆的位置,正确使用制动踏板、挡位操纵杆和离合器踏板,以适应在上坡路段停车与起步的需要。场地如图4-10所示。

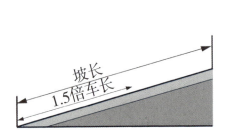
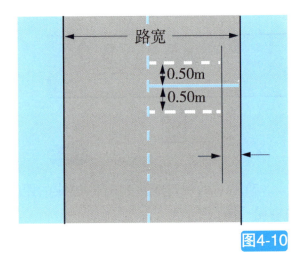

图4-10

二、驾驶操作

1. 操作要求

控制车辆准确停车,平稳起步,车辆不得后溜。起步时间不得超过30s。

2. 练习方法

坡道定点停车和起步练习的重点应放到定点停车位置的把握和操纵离合器踏板、加速踏板和驻车制动器操纵杆的配合上。

定点停车时,应根据自己的身高和视觉感,目测好定点停车时与停车线的位置,找出有规律性的点或参照物进行反复练习(图4-11)。

坡道起步时,在熟练掌握半联动点的基础上,再练习离合器踏板、加速踏板和驻车制动器操纵杆的配合,就能尽快实现坡道平稳起步。

3. 注意事项

(1)起步时车辆后溜距离不得大于30cm。

(2)车辆停止后,前保险杠定于停车线上,前后不得超过50cm;车身距离路边缘线不得大于30cm。

(3)不得出现发动机熄火现象。

(4)起步时间不得超过规定时间。

单元4 场地与场内道路驾驶

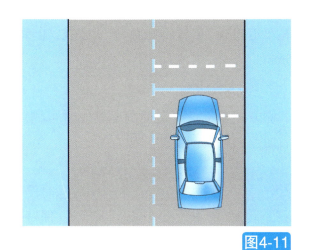

图4-11

课题三　侧 方 停 车

一、场地设置

场地设置目的为训练机动车驾驶人将车辆正确停入道路右侧车位(库)的技能。场地如图 4-12 所示。

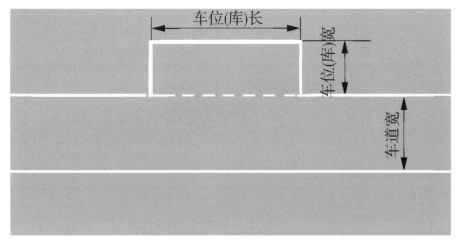

图4-12

二、驾驶操作

1. 操作要求

车辆在库前方一次倒车入库,中途不得停车,车轮不触轧车道边线,车身不

111

触碰库位边线。再前进向左前方出库,出库前开启左转向灯,出库过程中车轮不触轧车道边线,车身不触碰库位边线,出库后关闭转向灯。完成时间不得超过1.5min。

2. 练习方法

侧方停车重点要把握倒车进库时车辆尾部右侧进库时与库边线的距离和进库后向左回转转向盘的时机。

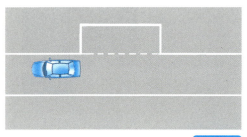

图4-13

在车道停车时,车尾与前库边线重合时停车,车身右侧应与车道边缘线平行,并保持两者距离为15~20cm(图4-13)。

起步后,向右缓慢转向倒车,注意观察车尾部与边线的距离,当车右后轮中心与边线重合时,迅速将转向盘向右转至极限位置(图4-14)。

车身2/3进入车位时,迅速向左回转转向盘至极限位置;当车身与右侧桩杆平行时,回转转向盘的同时停车(图4-15)。

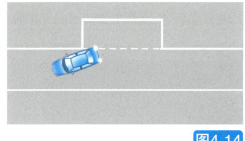

图4-14

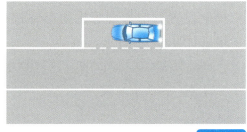

图4-15

3. 注意事项

(1) 车辆在入库停止后,车身不得出线。
(2) 轮胎不得触轧车道边线。
(3) 不得出现发动机熄火现象。

课题四 曲线行驶

一、场地设置

场地设置目的为训练机动车驾驶人操纵转向、控制车辆曲线行驶的能力。

场地如图 4-16 所示。

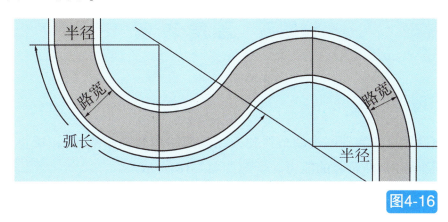

图4-16

二、驾驶操作

1. 操作要求

驾驶车辆以二挡(含)以上挡位从弯道的一端前进驶入,从另一端驶出。行驶中转向、速度平稳。中途不得停车,车轮不得碰轧车道边线。

2. 练习方法

曲线行驶练习重点在于体会车辆在通过曲线时与弯道边缘的距离,掌握其运行轨迹。练习时先目测左、右车轮与弯道边缘的位置,寻找规律。确定车轮曲线通过弯道时,车轮沿切线行驶的轨迹。

使用低速挡行驶,车辆进入曲线路段,适时调整转向盘,使外侧车轮始终沿弯道边缘线内行驶,直至驶出曲线路段(图 4-17)。

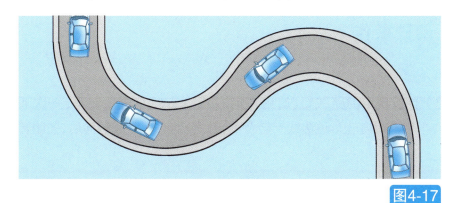

图4-17

3. 注意事项

(1)车轮不得驶出边缘线或骑轧路边缘线。
(2)不得出现发动机熄火现象。

课题五 直角转弯

一、场地设置

场地设置目的为训练机动车驾驶人在急弯路段驾驶车辆时,正确操纵转向、准确判断车辆内、外轮差的能力。场地如图4-18所示。

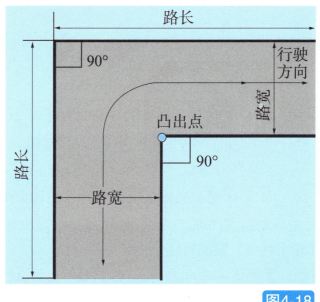

图4-18

二、驾驶操作

1. 操作要求

驾驶车辆按规定的路线行驶,由左向右或由右向左直角转弯,一次通过,途中不得停车,车轮不得碰轧车道边线。转弯前,开启转向灯,完成转向后,关闭转向灯。

2. 练习方法

直角转弯练习的重点为在转过直角时,内侧两车轮不轧凸出点,保持有效距离。练习时先进行左(右)侧车轮不轧凸出点时,车辆所处位置的目测,寻找规律。确定左(右)侧车轮绕过突出点时,车身任何部位不超出边线通过直角弯的轨迹。

用低速挡进入直角时,应及时向左转动转向盘进行调整,从驾驶室内观察,当车前端中心点与正前方车道边缘线重合后,及时将转向盘向左转至极限位置(图4-19)。

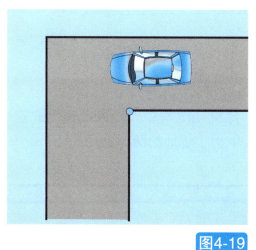

图4-19

从驾驶内目测车身右侧与车道右侧边缘线重合时,适时向右回正转向盘,使车身外廓与车道边缘线保持平行,驶出直角弯道(图4-20)。

由左向右转进行直角转弯练习时,与由右向左要领相同,方向相反(图4-21)。

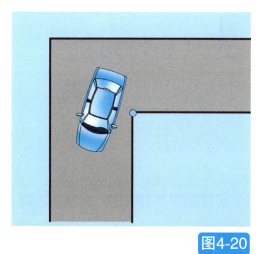

图4-20

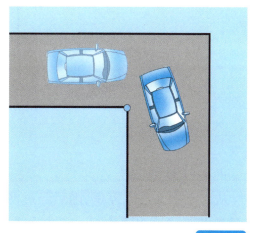

图4-21

3.注意事项

(1)车轮不得触轧凸出点或者驶出边缘线。

(2)车轮不得轧道路边缘线。

(3)不得借助倒车完成直角转弯。

(4)不得出现发动机熄火现象。

课题六　侧方移位、倒车入库

一、场地设置

场地设置目的为训练机动车驾驶人操控车辆完成侧方移位、倒车入库和正确判断车身空间位置的能力。场地如图4-22所示。

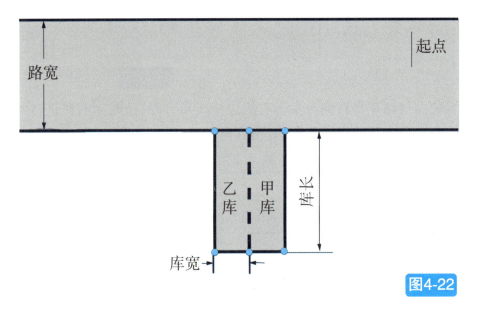

图4-22

二、驾驶操作

1. 操作要求

从起点倒入乙库停正,随后经过两进两退移库至甲库停正,再前进从乙库出库至停止点,倒入甲库停正,前进返回起点,车辆进退途中不得停车,完成时间不得超过8min(图4-23)。

2. 倒入乙库

车身左侧与库边线保持1.2~1.5m间距在起点线前停正,挂倒挡起步并保持直线后倒,通过后视窗观察4、5、6桩杆;当车尾与3至6杆延长线平齐时,迅速向右转动转向盘至极限位置。

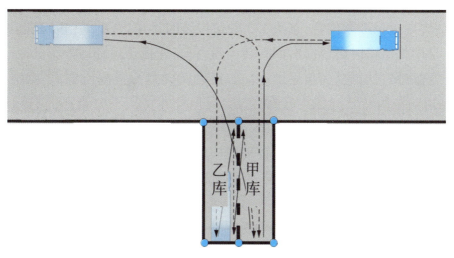

○桩杆；——边线；—▶前进线；┄▶倒车线

图4-23

进入乙库前视与 4 杆的距离适当调整转向盘,尽量使车左后角与 4 杆能保持 0.2m 左右的距离进库。当车尾越过 5、4 杆后,迅速向左回转转向盘,同时观察 1、2 杆,兼顾 4、5 杆,车身即将摆正时停止向左转向,适量向右调整转向盘使车辆居中(也可适当靠右)直线后倒,待车后端距 1、2 杆 0.2~0.3m 时迅速停车(图4-24)。

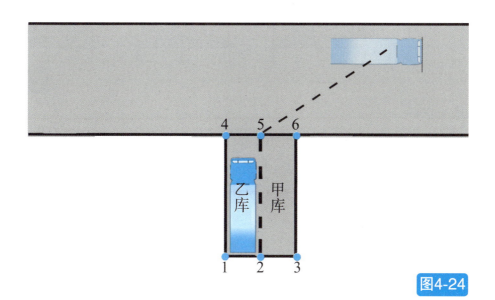

图4-24

3. 侧方移位

第一次前进：将车在乙库车后端距1、2杆0.2～0.3m内停正。起步后迅速向右转动转向盘至极限位置，车头1/3驶过中线时迅速向左回转转向盘至极限位置，当车身即将摆正时迅速向右回转转向盘，将车轮摆正后随即停车。

第一次后倒：挂倒挡起步后迅速向右转动转向盘至极限位置，车尾中心对准3杆时迅速向左回转转向盘至极限位置，当车身即将摆正时迅速向右回转转向盘，将车轮摆正后随即停车。

第二次前进：起步后迅速向右转动转向盘至极限位置，两前轮全部进入甲库后迅速向左回转转向盘至极限位置，当车最前端接近5杆时迅速回转转向盘将前轮摆正随即停车。

第二次后倒：通过后视窗观察车辆所处位置，挂倒挡起步后快速向右转动转向盘（转动量视车进入甲库的多少而定），车右后角刚刚越过3杆时迅速向左回转转向盘，观察并保持与2、3两杆等距离后倒。适量修正方向使车辆取中保持直线行驶，当车后端距2、3杆0.2～0.3m时迅速停车（图4-25）。

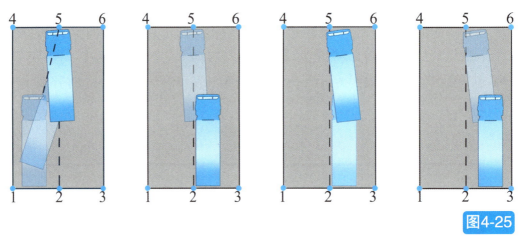

图4-25

4. 倒入甲库

挂前进挡起步后向左逐渐转动转向盘，曲线穿过乙库向左转向驶向主车道；当车身与右侧边线平行并保持1.2～1.5m间距时，回正转向盘停车。挂倒挡起步并保持直线后倒，通过后视窗观察4、5、6桩杆；当车尾与1至4杆延长线平齐时，迅速向左转动转向盘至极限位置。

倒入甲库前视与6杆的距离适当调整转向盘，尽量使车右后角与6杆能保持0.2m左右的距离进库。当车尾越过5、6杆后，迅速向右回转转向盘，同时观察2、3杆，兼顾5、6杆，车身即将摆正时停止向右转向，适量修正方向使车辆居中保持直线行驶,当车后端距2、3杆0.2~0.3m时迅速停车(图4-26)。

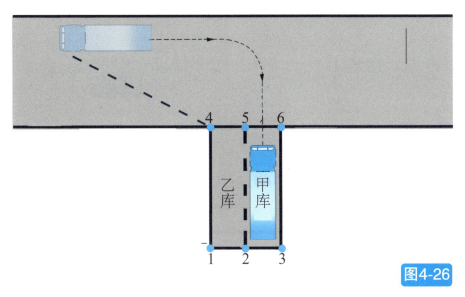

图4-26

5. 注意事项

(1)必须按规定路线、顺序行驶。

(2)不得碰擦桩杆。

(3)车身任何部位不得出线。

(4)移库要到位。

(5)避免因操作不当造成发动机熄火。

课题七　牵引车场地驾驶

一、场地设置

场地设置目的为训练机动车驾驶人控制牵引车完成车辆前进、倒车、进入停车位的过程中,判断车身行驶轨迹和空间位置的能力。场地如图4-27所示。

二、驾驶操作

1. 操作要求

从甲库向前驶入乙库并停正,然后倒入甲库内停正。车辆进退途中不得停车。

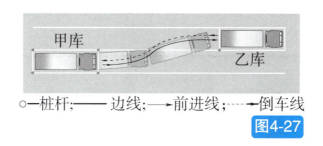

图4-27 ○—桩杆;——边线;→前进线;---→倒车线

2. 练习方法

从甲库起步,注意观察左侧后视镜,当车身的2/3驶过甲库桩杆后,迅速向左转动转向盘至极限位置。当车身2/3过中线后迅速向右转动转向盘,使车身摆正进入乙库。

从乙库倒车起步后,注意乙库右侧桩杆,当车前轮过桩杆后,迅速向左转动转向盘,当车身2/3过中线后迅速向右转动转向盘,观察甲库桩杆,当车尾进入桩杆后尽快调整方向将车身摆正,车身全部过杆后停车。

3. 注意事项

(1)必须按照规定的线路、顺序行驶。

(2)车身不得驶出边线或刮碰桩杆。

(3)进库要到位。

(4)避免因操作不当造成发动机熄火。

(5)车辆在前进和倒车中,均不得停车。

课题八　通过单边桥

一、场地设置

场地设置目的为训练机动车驾驶人准确转向、正确判断车轮直线行驶轨迹、操纵车辆不平行运行的能力。场地如图4-28所示。

二、驾驶操作

1. 操作要求

车辆左前轮、左后轮从左侧单边桥上驶过,然后右前轮、右后轮从右侧单边桥上驶过。大型车辆使用二挡(含)以上挡位。途中不得停车,车轮不得落桥。

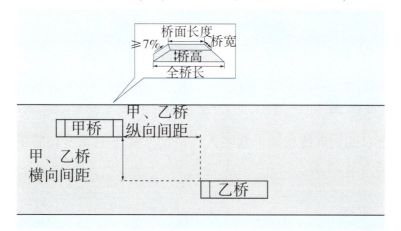

图4-28

2. 练习方法

练习时应先目测左、右车轮与桥面的位置,寻找规律。确定车轮直线通过桥面的行驶轨迹。

上桥前选择低速挡(小型车用1挡,大、中型车用2挡),将车身平行于桥体,把握好左前轮与左侧桥面的直线行驶轨迹,平顺通过左单边桥(图4-29)。

左后轮驶离单边桥时,迅速将转向盘向右转至极限位置,当右前轮驶入右侧桥面直行轨迹后,及时向左回转转向盘进行修正,使车身保持与右单边桥平行,使右侧前、后轮依次平稳通过右单边桥(图4-30)。

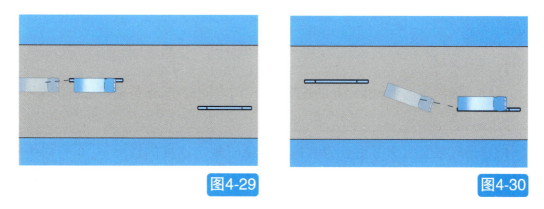

图4-29　　　　　　　　　　图4-30

3. 注意事项

(1)车轮驶上桥面后,车轮不得掉下桥面。

(2)前后车轮应依次全部通过甲、乙两桥。

(3)不得出现发动机熄火现象。

课题九 通过限宽门

一、场地设置

场地设置目的为训练机动车驾驶人在一定车速下对车身位置的正确判断能力。场地如图 4-31 所示。

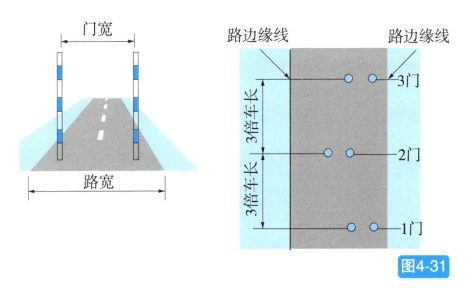

图4-31

二、驾驶操作

1. 操作要求

驾驶车辆以不低于 10km/h 的速度,从三门之间穿越,不得碰擦悬杆。

2. 练习方法

限速通过限宽门练习重点为掌握在不低于规定速度的情况下,车身居中穿越悬杆和穿越后转动转向盘时机的规律。练习时,先目测车辆与限宽门两侧悬杆的位置,寻找规律,确定车辆在两悬杆居中的位置及穿越时的行驶轨迹。

驾驶车辆用 2 挡或 3 挡对正 1 门,控制车辆以不低于 10km/h 的速度居中驶进 1 门(图 4-32)。

驾驶室中心驶至 1 门左悬杆时,适量向左转动转向盘;当目测车辆左侧前端与 2 门左悬杆重合时,及时向右回转转向盘进行调整,驶进 2 门(图 4-33)。

单元4　场地与场内道路驾驶

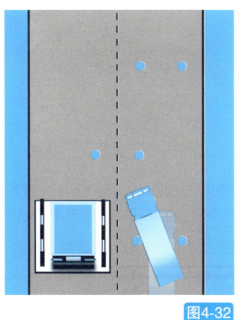

图4-32

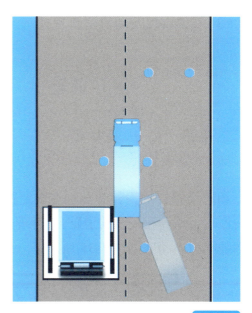

图4-33

驾驶室中心驶至2门左悬杆时,适量向右转动转向盘;当目测车辆左侧前端与3门左悬杆重合时,及时向左回转转向盘进行调整,驶过3门(图4-34)。

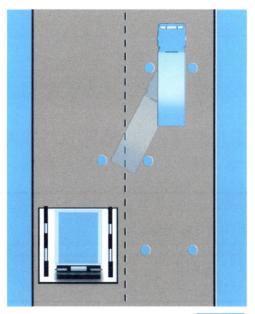

图4-34

3. 注意事项

(1)必须按规定路线、顺序行驶,通过车速不得低于10km/h。

(2)行驶中,车身任何部位不得碰擦限宽门悬杆。

123

(3)不得出现发动机熄火现象。

课题十　窄路掉头

一、场地设置

场地设置目的为驾驶车辆在规定宽度的路段,经过三进二退完成180°掉头,后靠右停车。培养在较窄的道路上,合理使用多次前进、后倒的方式使车辆掉头的实际驾驶能力。场地如图4-35所示。

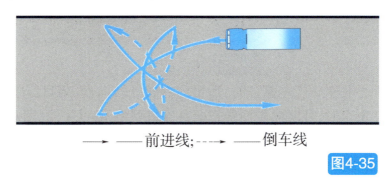

——前进线; ---- 倒车线

图4-35

二、驾驶操作

1. 操作要求

车辆行驶至掉头路段靠右停车,以不超过三进二退次数,将车辆掉头,完成时间不超过5min(图4-36)。

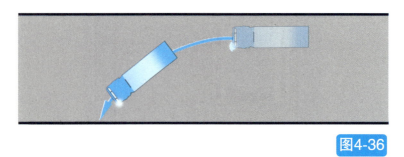

图4-36

2. 练习方法

(1)将车靠右侧行驶,开启左转向灯;观察左后视镜,迅速向左将转向盘打到底;当车头距路边线前20cm时,迅速将转向盘回正,迅速停车(图4-37)。

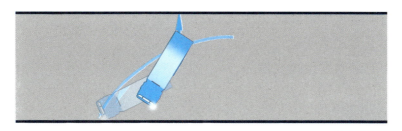

图4-37

（2）挂倒挡起步，观察右侧后视镜，迅速向右将转向盘打到极限位置；当驾驶室到达路中线时，迅速向左回正转向盘，迅速停车（图4-38）。

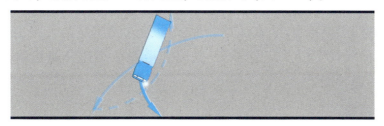

图4-38

（3）起步后，观察左后视镜，迅速向左将转向盘打到极限位置；当车头距路边线前20cm时，迅速将转向盘回正，迅速停车（图4-39）。

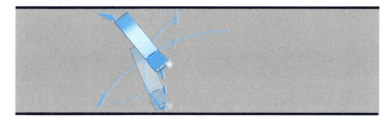

图4-39

（4）挂倒挡起步，观察右侧后视镜，迅速向右将转向盘打到底（图4-40）。

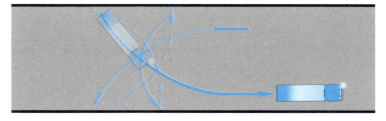

图4-40

（5）当驾驶室到达路中线时，迅速向左回正转向盘，迅速停车。

3.注意事项

（1）通过"三进二退"完成掉头。

(2)行进中车轮不得轧路边缘线。

(3)中途不得停车或运行时间超过规定时间。

(4)掉头前必须发出掉头信号。

课题十一　模拟高速公路行驶

1. 设置目的

驾驶车辆按照模拟要求,在高速公路安全驶入驶出高速公路、合理选择行车道、遵守标志标线规定以及应急停车、驶离。培养在高速公路正确操纵车辆,安全通行的实际驾驶能力。

2. 操作要求

车辆行驶至入口匝道后,开启左转向灯,向左侧回头观察来车情况,确认安全后,加速驶入行车道至最低限速后正常行驶,关闭转向灯。需要变更车道时,应开启准备驶入车道一侧的转向灯,并观察来车情况,确认安全后变更车道。驶出高速公路时,按照出口预告标志提前调整车速和车道。

3. 练习方法

驾驶车辆在收费站,停车取卡。行驶到入口匝道后,开启左转向灯,向左侧回头观察来车情况。确认安全后,将车速提高到60km/h以上后驶入主车道,关闭转向灯。

在主车道行驶,要合理选择行车道和掌握车速,变更车道时,开启准备驶入车道一侧的转向灯,观察来车情况,确认安全后变更车道,超越车辆时的速度不低于60km/h。

驶出高速公路时,按照出口预告标志要求提前调整车速和行驶车道,合理驶离高速公路。

4. 注意事项

(1)行驶中不能占用两条车道、应急车道。

(2)前后100m均无其他车辆时要及时靠右侧车道行驶。

(3)变更车道要提前开启转向灯并未通过后视镜观察后面情况。

课题十二　模拟连续急弯山区路行驶

1. 设置目的

驾驶车辆在模拟连续急弯山区路段,按照模拟要求,安全通过连续左右急弯道。培养在通过连续急弯山区路视线不良时,驾驶车辆通过连续弯道的实际驾驶能力。

2. 操作要求

车辆行驶至弯道前减速,靠右行驶,鸣喇叭后驶入弯道,行驶时不得占用对方车道。

3. 练习方法

驾驶车辆行驶至弯道前,减速靠右行驶,鸣喇叭驶入弯道。在弯道行驶中,转向、速度平稳,不得占用对方车道。驶出弯道前,调整至所需挡位,加速驶出弯道。在未划道路中心实线的道路,右转弯前可适度靠中,行驶至弯道时,靠右进入行驶车道。

4. 注意事项

(1) 进入弯道前减速至通过弯道所需的速度;
(2) 弯道内不能占用对方车道;
(3) 弯道换挡时方向不能跑偏;
(4) 进入弯道前要鸣喇叭;
(5) 在未划中心实线道路右转弯前适度靠中行驶。

课题十三　模拟隧道行驶

1. 设置目的

驾驶车辆按照模拟要求,安全通过模拟隧道。培养驾驶车辆通过隧道时,适应环境照度急剧变化的实际驾驶能力。

2. 操作要求

车辆行驶至隧道前,观察隧道处道路交通标志,按标志要求操作。驶抵隧道时先减速,开启前大灯,鸣喇叭,驶抵隧道出口时,鸣喇叭,关闭前大灯。禁止鸣喇叭的区域不得鸣喇叭。

3. 练习方法

驾驶车辆行驶至隧道前,观察道路交通标志,按标志要求,将车辆速度降至规定车速。驶进隧道口时,鸣喇叭并开启前大灯。驶入隧道后,及时减速看清路况后再加速行驶。驶出隧道口时,鸣喇叭,关闭前照灯。

4. 注意事项

(1) 驶入隧道前要减速并开启前照灯。

(2) 驶入隧道前鸣喇叭。

(3) 驶出隧道前鸣喇叭。

(4) 驶出隧道口后,关闭前照灯。

课题十四　模拟雨(雾)天行驶

1. 设置目的

驾驶车辆按照模拟要求,安全通过模拟雨(雾)天路段。培养雨雪天和湿滑路行驶时正确使用刮水器的能力,在车辆侧滑时合理使用制动、转向的实际驾驶能力。

2. 操作要求

车辆减速行驶,雨天视雨量大小选择合适的刮水器挡位。雾天应开启雾灯、示廓灯、前照灯、危险报警闪光灯。

3. 练习方法

车辆在驶入湿滑路面前,减速行驶,按照风窗玻璃上雨淋大小及时适度开启刮水器。进入湿滑路后,使用低速挡匀速行驶,并视雨淋量选择刮水器挡位,平稳控制车辆行驶方向通过湿滑路面。车辆通过模拟雾天路段时,要开启雾灯、示廓灯、近光灯、危险报警闪光灯。

4. 注意事项

(1) 进入模拟雨(雾)天路段前,提前减速并变更挡位。

(2) 进入模拟雨(雾)天路段时,及时开启刮水器,并能根据淋水量调整刮水器挡位。

(3)通过进入模拟雨(雾)天路段时,不能急加速、急制动。

课题十五　模拟湿滑道路行驶

1. 设置目的

驾驶车辆按照模拟要求,安全通过模拟湿滑路段。培养湿滑路行驶时的实际驾驶能力。

2. 操作要求

进入湿滑道路前,减速行驶;进入湿滑道路后,使用低速挡匀速行驶,平稳控制车辆行方向通过。

3. 练习方法

车辆驶入模拟湿滑路面前,减速行驶。进入湿滑路面后,是用低速挡匀速行驶,平稳控制方向驶出泥泞路。

4. 注意事项

(1)进入模拟湿滑路面前,减速行驶。

(2)进入模拟湿滑路面,使用低速挡。

(3)通过模拟湿滑路面时,不得急加速、急制动。

课题十六　模拟紧急情况处置

1. 设置目的

驾驶车辆按照模拟要求,正确处置模拟环境中的一些行车突发事件。培养在行车中对常见突发事件安全处置的实际驾驶能力。

2. 操作要求

在正常行驶过程中,随机选取以下紧急情况之一,用语音或灯光等进行模拟:

(1)前方突然出现障碍物,应立即制动,迅速停车,停车后开启危险报警闪光灯。

（2）高速公路行驶遇爆胎等车辆故障时，合理减速、观察后方跟车情况，将车平稳停于应急车道内，开启危险报警闪光灯，发出乘员撤离至护栏外的提示，正确摆放警告标志，驾驶人本人撤离至护栏外侧，并虚拟报警。

3. 练习方法

驾驶车辆正常行驶时，遇前方突然发出灯光、语音等警示后，要及时减速，做好停车准备。语音通知"车辆某处失火须合理处置"，要平稳停靠于安全路段，正确取用灭火器。行驶途中得到紧急停车指令时，合理减速、观察后方跟车情况、将车平稳停于应急车道，开启危险报警闪光灯，正确摆放停车警告标志，人员撤离至护栏外侧。

4. 注意事项

（1）对前方突然出现的行车警示，要先制动减速后，再转向避让或停车，转向时车身不能有明显甩摆。

（2）模拟应急处置需要停车时，下车动作要规范。

（3）模拟失火处置时，要会正确使用灭火器，停车位置不能在引发更大火灾的区域。

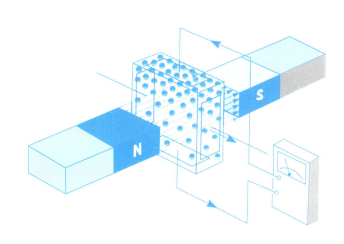

单元 5

道路驾驶技能

课题一 起步、换挡、直线行驶

一、起步前准备

1. 上车检查

逆时针绕车一周,观察车辆外观和周围环境,检查以下内容(图5-1)。

(1)车底或附近无儿童等人员及障碍物。

(2)车辆灯光、牌证齐全有效。

(3)轮胎气压符合要求、胎纹无异常磨损,沟槽内无异物。

(4)风窗玻璃、后视镜完好、清洁。

(5)车底无漏油、漏水。

(6)车门和行李舱盖紧闭。

(7)车内无散落、可移动等影响安全操作的物品。

电动汽车行车前还应检查以下内容:

图5-1

(1)车辆动力电池无破损、裂痕、泄漏。

(2)电器接插件及线束连接、绝缘、固定正常。

(3)确认备有熔断器盒中各种额定电荷量规格的备用熔断器。

车辆外观和周围环境检查完毕后,在车前探身向车后观察道路情况确认安全,走向驾驶室一侧车门。

2. 上车与调整

打开驾驶室车门前,应观察后方交通情况,再一次确认安全后,按以下步骤操作(图5-2):

(1)上车开门前站在驾驶室左门侧后位置,转头观察左右交通情况,在确保安全的情况下,用左手握住门把,打开车门,左脚向前迈一步至车门内侧。

(2)右手握住转向盘,右脚伸入驾驶室,侧身使臀部、腰部、上身、左脚依次进入驾驶室,自然坐下。

(3)左脚放在离合器踏板左下方(自动挡车辆放在脚踏板上),右手握住转向盘,左手用适当的力度顺势关闭车门。

(4)左手确认车门关严,随手锁好车门。

(5)调整驾驶座椅、后视镜、系好安全带,确认驻车制动器处于制动状态。

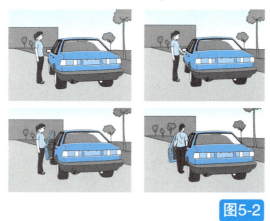

图5-2

3. 起步前检查

汽车起步前操作步骤(图5-3):

(1)起动发动机。右脚踩下制动踏板,确认变速器操纵杆置于空挡位置(自动挡汽车置于P挡位置),打开点火开关接通电路,确认仪表显示正常,左脚踩下离合器踏板,将点火开关转到起动位置起动发动机。若一次未能起动发动机,再次起动时需间隔5s以上,连续三次未能正常起动发动机,需查明原因。

(2)观察仪表。发动机怠速运转状态下,检视仪表盘指示灯、报警灯、显示异常时应及时处理,指示灯为红色时不应起步。

二、起步

1. 手动挡汽车起步

手动挡汽车起步操作步骤(图5-4):

(1)开启左转向灯。

(2)观察车辆周围交通情况,确认安全。

(3)踏下离合器踏板,将变速杆挂入1挡。

(4)松抬离合器踏板至联动点位置,上坡起步松抬离合器踏板至联动点前,轻踩加速踏板。

(5)松抬离合器踏板至联动点时,松开驻车制动器。

(6)路边停车起步时,应再次观察左后视镜并回头观察后视镜盲区,确认安全。

(7)缓抬离合器踏板直至完全松开,同时缓踩加速踏板,车辆完成起步。

起步过程需平稳、无闯动、无后溜,不熄火。

图5-3

图5-4

2. 自动挡汽车起步

自动挡汽车起步操作步骤:

(1)开启左转向灯。

(2)观察交通情况,确认安全。

(3)将变速操纵杆置于D挡。

(4)松开驻车制动器。

(5)路边停车起步的,应再次观察左后视镜并回头观察后视镜盲区,确认安全。

(6)缓抬制动踏板,车辆起步。

起步过程需平稳、无闯动、无后溜,不熄火。

三、汇入车流、直线行驶、加减挡、变更车道

1. 汇入车流

路边停车起步后,通过后视镜观察左后方车流情况,在道路右侧适当加速至车流速度,保持安全距离,在不影响正常行驶车辆的前提下,平顺进入车流(图5-5)。

2. 直线行驶

行驶过程中,两手握稳转向盘,两眼目视前方,根据道路情况合理控制车速,正确使用挡位,适时观察内、外后视镜,视线不得离开行驶方向超过2s(图5-6)。转动转向盘时,以左手为主,右手为辅,控制转向盘适量修正方向,保持车辆直线行驶。

图5-5

图5-6

3. 加减挡位操作

根据路况和车速,合理加减挡,换挡及时、平顺。换挡时,动作连贯、迅速准确,用力时机恰当,换挡过程保持没有间歇时间,手脚配合柔和协调。

加挡前逐渐提高车速,当车速适合换入高一级挡位时,右脚松抬加速踏板,在左脚踩下离合器踏板的同时右手将变速器操纵杆挂入高一级挡位,依次逐级换入最高挡位,不得越级加挡(图5-7)。

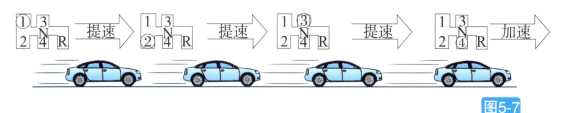

图5-7

减挡操作要在车速下降到适合下一级挡位时,右脚松抬加速踏板,在左脚踩下离合器踏板的同时,右手立即将变速器操纵杆挂入低一级挡位。减挡要注意手腕的爆发力和减挡时机,避免拖挡使发动机动力不足,减挡可根据车速越级选择挡位(图5-8)。

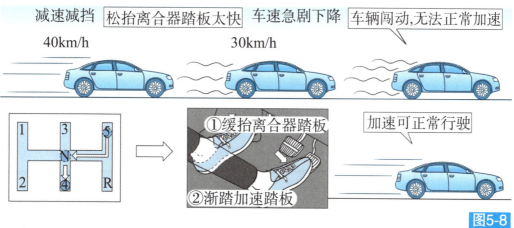

图5-8

驾驶手动挡汽车,可按以下要求选择挡位:
(1)车速范围在0~20km/h时,选择"1"挡。
(2)车速范围在15~35km/h时,选择"2"挡。
(3)车速范围在30~45km/h时,选择"3"挡。
(4)车速范围在40km/h以上时,选择"4"挡。
(5)车速范围在60km/h以上时,选择"5"挡及以上挡位。
(6)车辆后退行驶时,选择"R"挡。

驾驶自动挡汽车,可按以下要求选择挡位:
(1)车辆正常行驶时,选择"D"挡。
(2)车辆停车或起动发动机时,选择"P"挡。
(3)车辆短时间停车且不熄火时,选择"N"挡。
(4)车辆倒车时,选择"R"挡。

4. 变更车道

变更车道前,正确开启转向灯,通过内、外后视镜观察后方道路交通情况,确认安全后变更车道,变更车道完毕关闭转向灯。变更车道时,判断车辆安全距离,控制行驶速度,不得妨碍其他车辆正常行驶(图5-9)。

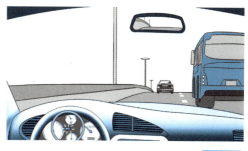

图5-9

变更车道操作步骤：

（1）变更车道前，开启转向灯持续3s以上。

（2）观察变道方向车外后视镜并转头观察后视镜盲区，确认不妨碍其他车辆的正常行驶后，驶入目标车道。

（3）每次只能变更到相邻车道，不得连续变更两条或两条以上车道。

（4）完成变更车道后关闭转向灯。

四、行驶速度、安全距离控制

1. 行驶速度控制

车辆行驶速度，应在道路规定的限速内，并根据实际道路环境、路面条件、天气条件、车辆技术性能等选择车速。行驶过程中，应通过速度表判断车速，车辆速度控制与车流速度保持一致。

遇下列情形，应仔细观察，减速通行：

（1）通过人行横道、施工作业路段、无交通信号或管理人员的铁路道口、无交通信号控制的交叉路口。

（2）驶近急弯、坡道顶端等影响安全视距的路段。

（3）前方有障碍物、坑洼、泥泞、湿滑、砂石、积水等路面情况。

（4）驶近学校、医院、居民小区、公共汽车站、路旁集市等。

（5）其他可提前减速的情况。

遇下列情形，最高行驶速度不应超过30km/h：

（1）进出非机动车道，通过铁路道口、急弯路、窄路、窄桥。

（2）掉头、转弯、下陡坡。

（3）遇雾、雨、雪、沙尘、冰雹，能见度在50m以内。

（4）在冰雪、泥泞的道路上行驶时。

（5）牵引发生故障的机动车时。

2. 安全距离控制

（1）纵向安全距离。与前车的纵向安全距离宜大于车辆3s内驶过的距离。在高等级公路、城市快速路行驶，或在夜间、恶劣气象和不良道路条件下行驶，或牵引挂车等情况时，纵向安全距离应每项增加1s，并逐项累加。

（2）横向安全距离。车辆行驶过程中，与行人、非机动车保持横向安全距离。行人、非机动车与行车方向相反时大于1m。行人、非机动车与行车方向相同时大于1.5m。遇恶劣气象和不良道路条件时,应加大横向安全距离。

(3)垂直安全距离。车辆通过桥梁、涵洞等限高地点时,应提前观察道路限高标志,确认安全后通过。车顶行李架载货,从车顶起高度不得超过0.5m。

课题二　会车、超车、让车

一、会车

1. 会车操作方法

正确选择会车地点,当判断会车有危险时,控制车速,提前避让,调整会车地点,会车时与对方车辆保持安全间距。施划中心线的道路上行驶,两车交会时各行其道,不应占用对方车道(图5-10)。

在无道路中心线的道路会车,按以下步骤操作:

图5-10

(1)观察对向来车以及周边的交通情况,调整车速,选择能够留出横向安全距离的会车地点。

(2)驶近会车地点的过程中,降低行驶速度,靠道路右侧交会,必要时停车让行。

(3)会车后,观察前后方交通情况,平稳驶回正常路线。

2. 会车让行要求

会车通行要求:

(1)前方道路有障碍物,无障碍一侧的车辆先行。

(2)前方对向道路上有障碍物,但是对向车辆已经进入障碍路段时,让对向车辆先行。

(3)在狭窄的下坡路上,让上坡的车辆先行。

(4)车辆即将进入狭窄的上坡路时,应让已经下坡至中途的车辆先行。

(5)在狭窄的山路上,应让不靠山体的车辆先行。

(6)有会车让行标志时,应让对向来车先行。

二、超车、让车

1. 超车方法

超车前,保持与被超越车辆的安全跟车距离。开启左转向灯,通过内外后视镜观察后方和左侧交通情况,并转头观察确认安全后,选择合理时机,鸣喇叭或交替使用远近光灯,从被超越车辆的左侧超越。超车时,观察被超越车辆情况,保持横向安全距离。超越后,开启右转向灯,通过内外后视镜观察后方和右侧交通情况,并转头观察确认,在不影响被超越车辆正常行驶的情况下,逐渐驶回原车道,关闭转向灯(图5-11)。

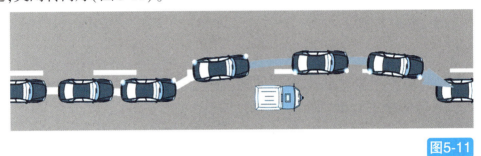

图5-11

2. 超车步骤

超车操作步骤:

(1)开启左转向灯,闪烁前照灯或鸣喇叭(禁止鸣喇叭的区域除外)向前车和周边车辆发出超车信号。

(2)预判超车过程中与对向来车无会车可能,且周边无行人、非机动车、障碍物等其他妨碍超车的情况。

(3)观察左后视镜并观察后视镜盲区,确认安全,向左改变行驶路线,在限速范围内加速超越前车。

(4)在无道路中心线的道路上,待前车降低速度、靠右让路后超车。

(5)超越前车后,开启右转向灯,从右后视镜中看到被超车辆的车身全貌后,向右改变行驶路线,驶回原车道。

3. 让车步骤

让超车操作步骤:

(1)收到后方车辆发出超车信号时,观察车辆右侧交通情况,无行人、障碍物等其他妨碍靠右让行的情况。

(2)观察右后视镜并观察后视镜盲区,确认安全,降低速度、靠右让路。

(3)让超车过程中,不应返回原行驶路线,如遇突发情况,应减速或停车。

(4)后车超越后,观察左后视镜并转头观察后视镜盲区,确认无其他车辆超车,驶回原行驶路线。

4.超车要求

遇下列情形,禁止超车:

(1)设有禁止超车标志的区域。

(2)道路中心线为实线的路段。

(3)前车正在左转弯、掉头、超车。

(4)与对向来车有会车可能。

(5)前车为紧急车辆。

(6)行经铁路道口、交叉路口、窄桥、弯道、陡坡、隧道、人行横道、市区交通流量大的路段等无超车条件的。

(7)通过高速公路匝道、加速车道、减速车道。

(8)前方停有开启危险报警闪光灯和停车指示标志的校车。

课题三　通过路口、人行横道线、学校区域、公共汽车站

一、通过路口

1.通过有交通信号灯控制的交叉路口

在划有导向车道的路口,按行进方向驶入导向车道;需要转向的,进入导向车道后开启转向灯。绿灯亮时,让已在路口内车辆通过后,依次通行。黄灯亮时,应停在停止线以外,无停止线的,停在路口以外,不能安全停车或已越过停止线时,可以继续行驶。红灯亮时,依次停在停止线以外,无停止线的,停在路口以外。设置有待转区的,按待转区放行规定通行(图5-12)。

图5-12

2.通过无交通信号灯控制和交通警察指挥的交叉路口

通过无交通信号灯控制和交通警察指挥的交叉路口,减速行驶。有交通标

志、标线控制的,让优先通行的一方先行。无交通标志、标线控制的,在进入路口前停车瞭望,让右方道路的来车先行。转弯的机动车让直行的车辆先行,相对方向行驶的右转弯的机动车让左转弯的车辆先行(图5-13)。

3. 交叉路口左转弯

向左转弯时,应偏头观察前风窗玻璃左侧立柱盲区,靠路口中心点左侧转弯;向右转弯时,应观察右后视镜并观察后视镜盲区,确认安全后匀速转弯驶入目标路段外侧机动车道。向右转弯遇有同车道前车正在等候放行信号时,依次停车等候。准备进入环形路口时让已在路口内的机动车先行。在无方向指示信号灯的交叉路口,转弯的机动车让直行的车辆、行人先行。相对方向行驶的右转弯机动车让左转弯车辆先行(图5-14)。

图5-13

图5-14

4. 交叉路口通行要求

直行通过路口、路口左转弯、路口右转弯,要合理观察交通情况,减速或停车瞭望,根据车辆行驶方向选择相关车道,正确使用转向灯,根据不同路口采取正确的操作方法,安全通过路口。

二、通过人行横道线、学校区域、公共汽车站

1. 通过人行横道线

通过人行横道线,提前减速,注意观察两侧交通情况,确认安全后,合理控制车速通过。遇有行人和非机动车停车让行,遇老、弱、病、残、孕等行动不便的行人时,缓慢通过人行横道线,应耐心等待,不得鸣喇叭催促(图5-15)。

图5-15

2. 通过学校区域

通过学校区域,提前减速至30km/h以下,注意观察周围的交通情况,随时准备避让横过道路的学生,确保安全通

过,遇有学生横过马路时要停车让行(图5-16)。

3. 通过公共汽车站

通过公共汽车站,提前减速,注意观察公共汽车进、出站动态和乘客上下车动态,着重注意同向公共汽车前方或对向公共汽车后方横穿道路的行人(图5-17)。

图5-16

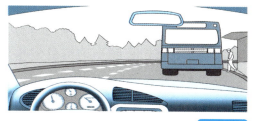

图5-17

课题四 掉头、倒车、靠边停车

一、掉头

1. 掉头操作方法

掉头时,提前降低车速,观察交通情况,正确选择掉头地点和时机,发出掉头信号后掉头。掉头时不妨碍其他车辆和行人的正常通行(图5-18)。

2. 路段掉头

路段掉头操作步骤:

(1)观察车辆前方,确认对向无来车。

(2)靠右行驶,开启左转向灯,观察左后视镜并回头观察左后视镜盲区,确认安全后掉头。

图5-18

(3)道路中间中央隔离带开口允许掉头时,靠左行驶,开启左转向灯,确认对向无来车后掉头。

3. 交叉路口掉头

交叉路口掉头操作步骤：

（1）有交通信号指示的，开启左转向灯，观察并按交通信号指示，确认安全后掉头。

（2）无交通信号指示的，开启左转向灯，观察各方向来车，确认安全后掉头。

4. 掉头要求

（1）有禁止掉头或禁止左转弯标志、标线的地点，以及在铁路道口、人行横道、桥梁、急弯、陡坡、隧道或容易发生危险的路段，不应掉头。

（2）宜选择在路口或较宽的路段采用一次顺车掉头。不能一次顺车掉头的，有道路支线时，可选择倒入支线后再次掉头。无路口和支线可供掉头的，可多次前进、后退完成掉头。

二、倒车

1. 倒车操作方法

倒车前，要仔细观察倒车路线，确认具备安全倒车条件后方可进行倒车。倒车时，以左手为主控制转向盘，通过观察两侧后视镜或室内后视镜观察倒车路线。倒车过程中，要低速缓行，及时修正倒车出现的偏差，随时做好停车的准备（图5-19）。

图5-19

倒车操作步骤：

（1）倒车前应察明周边情况，必要时下车察看。

（2）挂入倒车挡，确认安全后低速倒车。

（3）倒车过程中持续观察车辆后方和前方两侧情况。

2. 倒车要求

（1）铁路道口、交叉路口、单行路、桥梁、急弯、陡坡、隧道内禁止倒车。

（2）倒车时，车尾要朝向较安全一侧。

三、靠边停车和下车

1. 停车操作方法

停车时，开启右转向灯，通过内、外后视镜观察后方和右侧交通情况。减速，向右转向靠边,平稳停车。拉紧驻车制动器,关闭转向灯。路边临时停车应紧靠道路右侧,按行车方向或停车泊位标志标线指示的方向停车,不应妨碍其他车辆和行人通行,驾驶人不得离车。停车后,车身距离道路右侧边缘线或者人行道边缘30cm以内。车辆停稳前不得开车门和上下人员,开关车门不得妨碍其他车辆和行人通行(图5-20)。

图5-20

2. 路侧停车

路侧停车操作步骤:

(1)开启右转向灯,观察右后视镜并回头观察后视镜盲区,确认安全,减速后驶向道路右侧停车。

(2)停车后关闭转向灯。

(3)手动挡车辆于平坦路段,停车时,将变速器操纵杆置于空挡;上坡停车时,将变速器操纵杆置于1挡;下坡停车时,将变速器操纵杆置于倒车挡,使用驻车制动器制动;自动挡车辆将变速器操纵杆挡位置于N挡,使用驻车制动器制动后,将变速器操纵杆挡位置于P挡。

(4)在有路缘石的下坡路段,应将前轮转向路缘石一侧(图5-21a);在有路缘石的上坡路段,应将前轮转向路缘石相反一侧(图5-21b);在无路缘石的坡道,应将前轮转向右侧(图5-21c)。

(5)关闭点火开关,最后放开制动踏板。

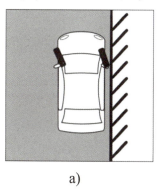   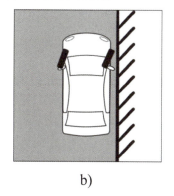   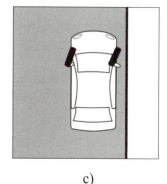

a)   b)   c)

图5-21

3. 停车要求

禁止在以下地点停车:

(1)设有禁停标志、标线的路段,机动车道与非机动车道之间设有隔离设施的路段以及人行道(施划了停车泊位的除外)、人行横道、施工地段。

(2)公共汽车站、急救站、加油站、消防栓或消防队(站)门前以及距离上述地点 30m 以内的路段。

(3)交叉路口、铁路道口、急弯路、宽度不足 4m 的窄路、桥梁、陡坡、隧道以及距离上述地点 50m 以内的路段。

课题五 夜间行车

一、夜间灯光的使用

1. 灯光的作用

机动车灯光具有照明和信号两方面的作用。夜间使用灯光主要是为了告知其他车辆和行人。行驶中应根据道路情况和需要正确使用灯光(图 5-22)。

图 5-22

2. 灯光的正确使用

(1)起步前开启前照灯。

(2)夜间驾驶应开启前照灯、示廓灯、后位灯。

(3)夜间路边临时停车时,应关闭前照灯,开启示廓灯。

(4)无照明、照明不良的道路使用远光灯。

(5)照明良好的道路使用近光灯。

(6)夜间在道路上车辆发生故障或交通事故时,应当开启危险报警闪光灯、示廓灯和后位灯。

3. 照明不良道路光灯的使用

无照明、照明不良的道路使用远光灯。在没有路灯或照明不良道路上行驶时,速度超过 30km/h,应使用远光灯,遇到以下情形时应使用近光灯:

(1)会车距对向来车 150m 以内。

(2)跟车距前车小于 100m。

(3)在窄路、窄桥与非机动车会车。

(4)通过有交通信号灯控制的交叉路口。

4. 照明良好道路光灯的使用

驾驶机动车在照明良好的道路上会车、路口转弯、近距离跟车等情况时,应使用近光灯(图5-23)。通过急弯、坡路、拱桥、人行横道或者没有交通信号灯控制的路口时,应当交替使用远近光灯示意。

图5-23

二、夜间安全行车

1. 交通情况观察

夜间驾驶观察时,按以下要求操作:

(1)夜间行车不仅要观察灯光照射范围内的交通情况,还要注意提防灯光照射以外的突然情况。

(2)遇对向车辆使用远光灯时,避免直视,视线稍向右移。

(3)遇后方车辆使用远光灯影响观察时,可通过变换头部位置避免后视镜反射的灯光。

2. 超车与让超车

夜间超车,应提前观察左侧车道的情况,确认具备安全超车条件后,开启左转向灯,逐渐向左变更车道(图5-24)。超车前,变换远近光灯示意前车驾驶人。确认被超车让车后,开启近光灯,加速超越。超车后,在不影响被超车行驶的情况下,开启右转向灯,逐渐驶回原车道。

夜间遇到后方车辆变换远近光灯示意超车时,只要前方条件允许,应及时减速,用近光灯靠右侧让行,必要时可开启右转向灯示意让行(图5-25)。

图5-24

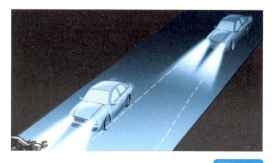

图5-25

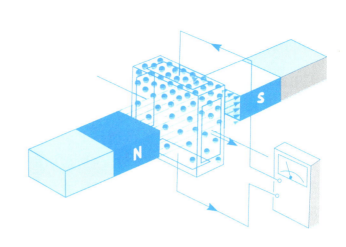

单元6
安全文明驾驶常识

课题一 安全行车

一、日常检查与维护

1. 出车前各种检查的目的

出车前各种检查的目的是确认车辆附近是否存在安全隐患、周围是否有障碍物、车胎是否损坏及出车方向的安全性。

2. 出车前的检查内容

出车前,对机动车驾驶室、发动机舱、车外部、轮胎进行检查。驾驶室内,要注意检查用来指示发动机冷却液的温度的冷却液温度表,尽量不要在干燥的状态下检查刮水器。发动机舱主要检查冷却液、机油、燃油等是否有渗漏现象。检查机油时将车辆停在平坦处,在起动前检查。检查轮胎重点检查磨损、损毁、紧固和气压情况。各轮胎气压不一致时,容易造成汽车行驶油耗增大、加剧轮胎磨损、发生爆胎、操纵失控等后果。如果轮胎胎侧顺线出现裂口,应及时更换。一般车上配备的专用备胎不可作为正常轮胎长期使用。

3. 上车检查

驾驶人进入驾驶室前,首先要观察车辆周围的状况,观察车底和车身周围是否有障碍物,附近是否存在安全隐患。上车后关好车门,调整好座位和后视镜,系好安全带。然后起动车辆,观察仪表,检查车辆工作是否正常。

二、安全驾驶操作要求

1. 起步前调整

将汽车座椅安全头枕的高度调整到头枕中心能支撑头部,系好安全带。

2. 安全起步

起步前,要求乘车人系好安全带,调整好后视镜,不要把身体伸出车外,不要向车外抛撒(洒)物品。根据不同的环境、气象条件和能见度选择使用灯光。雨天使用刮水器、开启近光灯。雾天开启前后雾灯,雪天开启近光灯,夜间开启左转向灯、近光灯(图6-1)。

安全起步

图6-1

起步后,应随时注意车辆两侧道路情况,向左缓慢转向,逐渐驶入正常行驶道路,不得急加速向左迅速转向驶入正常行驶道路。起步发现驻车制动器报警灯亮时,应及时松开驻车制动操纵杆。

3. 安全汇入车流

驾驶汽车汇入车流时应当开启转向灯,认真观察主路上车辆的行驶情况,在不妨碍主路车辆正常行驶的前提下汇入车流。驾驶汽车从支线道路汇入主干路车流前,提前开启左转向灯,仔细观察主干路内情况,确认安全后汇入车流(图6-2)。

从主路进入辅路前,应注意观察减速慢行。从辅路汇入主路车流前,要观察主路内车辆通行情况,进入主路时选择安全的空当汇入车流,不得妨碍主路车辆正常行驶。驾驶汽车汇入车流时,不能影响其他汽车通行(图6-3)。

图6-2

图6-3

147

4. 安全变更车道

驾驶汽车向左变更车道前,通过后视镜观察左侧道路情况,确认安全后提前3s开启左转向灯,不得影响正常通行的车辆。准备变更车道前,观察后视镜,若发现有车辆从后方驶来或从左侧超越时,要放弃超车,减速让行,不能迅速向左变更车道(图6-4)。

在前方交叉路口直行时,要提前在虚线区按导向箭头指示变更到直线车道,变更车道前一定要开启转向灯。在前方路口转弯时,要在路口导向车道虚线区域按导向箭头指示,提前变更车道进入转弯车道;进入实线区后,严禁向左或向右变更车道(图6-5)。

图6-4

图6-5

在道路上频繁变更车道或突然变道加塞,会扰乱交通秩序,影响正常通行,造成道路拥堵,甚至易引发交通事故。

5. 安全跟车

在道路上跟车行驶,要保持安全距离,注意观察前车动态,随时做好减速准备。同时,也要谨慎制动,防止被后车追尾。多车跟车行驶时,为了避免追尾事故发生,应至少能观察到前方两三辆车,从而能对减速或停车有所准备。如遇交通流量较大的路段,即便是低速行驶,也需要保持一定的安全距离。

图6-6

跟车行驶留有足够的安全距离,在遇到紧急情况时能有足够的避让空间。跟车距离越近,越不容易掌握前车前方的情况,一旦前车尾灯损坏,不能及时发现前车制动情况,跟车太近容易发生追尾事故。跟随出租车行驶,要预防其随时可能靠边停车(图6-6)。

遇到出租车接送客人占道停车时,应停车等待。当前方是贴有"实习"标志的汽车时,应该增大跟车距离,预防其紧急制动。

若跟车行驶时遇到前方大货车行驶缓慢,应加大安全车距,适时超车。跟随装满货物的大货车行驶时,应注意大货车制动距离相对较长、容易遮挡视线、盲区较大、还可能会出现货物抛洒。遇到前方大货车行驶缓慢时,应尽量加大安全车距,适时超超车(图6-7)。

在冰雪路面上驾驶车辆应保持较大的跟车距离,雾天要保持大间距跟车行驶,跟车中,要随时注意前车紧急制动情况(图6-8)。

图6-7

图6-8

遇到前方车辆正在停车时,应提前减速并停车等待。遇前车停车等待行人通过人行横道时,应与前车保持安全距离,排队等待。遇到前方道路中间有停驶的车辆,要预防可能会出现前车左侧车门突然打开、前车前方有行人横穿马路、前车突然掉头或倒车等危险情形(图6-9)。

6. 安全超车、让超车

在道路上超车时,要选择视线良好、道路宽直、路面无障碍物、对面无来车的允许超车路段,从左侧超越。预计在超车过程中与对面来车有会车可能时,要提前减速,与前车保持距离跟车行驶,不得加速超车(图6-10)。

图6-9

图6-10

在没有中心线的道路上超车时,提前开启左转向灯,鸣喇叭示意(非禁鸣区),提醒前方被超车辆驾驶人,从前车左侧超越。超车完毕,与被超车拉开必要的安全距离,开启右转向灯驶回原车道(图6-11)。

在有中心实线的道路上,不得越实线超车。在有中心实线的路段超车时,发现前方机动车正在绕行施工路段时,要减速跟随前车行驶,依次通过施工路段,不得越过中心实线超车(图6-12)。

图6-11

图6-12

在有中心虚线或分道线的道路上,遇到前车行驶缓慢、减速、停车时,若对向车道没有来车,在不影响其他车辆通行的情况下,可以临时越虚线超车(图6-13)。

超越公交车时,要提前减速,保持安全距离。在道路划设专用车道的路段,不得借专用车道超车(图6-14)。

图6-13

图6-14

超车时,发现前车正在超越停在路边的车辆时,要减速行驶,让前方车辆先超车,预防路边车辆突然起步向左行驶而发生事故。遇前车不向右减速让行、对面又有来车的情况下,即便是右侧有超车空间,也不能从右侧超车。遇前方机动车没有让车条件或者不减速、不让道或超车过程中被超车突然加速时,要及时减速放弃超车,保持安全距离跟车行驶。通过交叉路口、急转弯路段、下坡路段、涵洞、隧道、铁路道口或有禁止超车标志的路段,遇到机动车较少的情况时,不得超车(图6-15)。

7. 安全会车

驾驶汽车在没有中心线的道路上会车时,要提前靠路右侧行驶。在一侧有障碍物的路段会车时,无障碍的一方有优先权,有障碍的一方要让对向来车先行。如果有障碍一侧的车辆已经开始超越障碍物时,无障碍的以防要主动礼让对方先行。会车遇到前方有非机动时,要减速靠右行驶,保持安全间距,注意避让非机动车(图6-16)。

图6-15

图6-16

在道路上会车,发现对面来车越过中心线时,最安全的做法及时向右减速或停车避让(图6-17)。会车前,发现有车辆强行超越对面来车时,最安全的做法是向右减速避让或停车让行。在没有中心线的弯道上会车时,要紧靠路右侧,降低车速行驶,保持安全距离。

在狭窄路段会车,要减速靠右并保持安全横向距离。在窄桥会车,感觉与对向驶来的车辆会有会车困难时,要及时减速靠边行驶或停车让行(图6-18)。

图6-17

图6-18

8. 安全掉头

掉头时,要选择交通流量小、不妨碍车辆和行人正常通行的允许掉头的路段。在有中心虚线的道路上,只要不影响正常交通,可以掉头。在路口掉头,要提前开启左转向灯,进入掉头导向车道,在路口虚线处缓慢完成掉头,严禁在人行横道、有禁止掉头标志、禁止左转标志、标线、信号灯的路口掉头,掉头不得妨碍行人和其他车辆正常通行(图6-19)。

图6-19

9. 安全倒车

倒车前,要仔细观察车辆周围的情况,确认安全。倒车时,要随时注意观察后方情况,缓慢倒车,即便是后方道路条件较好,也不能加速倒车。倒车过程中,遇到后方有车辆行驶的情况,要主动停车避让,确保安全(图6-20)。不得选择禁止掉头的路口、隧道及有禁止掉头标志的路段掉头。

10. 安全停车

车辆行驶速度、驾驶人的反应时间、路面状况、载货量以及制动器的结构形式等都是影响制动停车距离的因素。

在道路上临时停车要选择道路施划的停车泊位内、停车场或者路面平坦坚实、无禁止停车标志、不妨碍交通的路段和地点(图6-21)。停车要按顺行方向停放,车身不得超出停车泊位,停车后要关闭电路,锁好车门。

图6-20

图6-21

路边临时停车,要停靠道路右侧,尽量避开坡道、积水、结冰或松软路面,不得妨碍其他机动车和行人通行,不得随意停车。人行横道、交叉路口50m以内、铁路道口、隧道内、立交桥上,都不能停车。社会车辆不得在出租车停车位临时停车。

在雨天临时停车时,要开启示廓灯、后位灯、危险报警闪光灯。雾、雪天临时停车,开启危险报警闪光灯、示廓灯和后位灯。

停车后,驾驶人在下车前要先观察后视镜和侧头观察左侧后方情况,并提醒乘车人开启车门前注意观察后方来车,再缓开车门,开关车门不得妨碍其他车辆和行人通行,确保安全(图6-22)。

图6-22

11. 路口安全驾驶

通过有交通信号的交叉路口时,要遵守交通信号;遇到行人和非机动车横过路口时,要及时减速或停车让行。路口通行时,直行车辆有优先权,转弯车辆要让直行车辆先行。直行通过前方路口,遇到对面车辆抢行左转时,要及时减速或停车让行(图6-23)。

通过交叉路口遇到黄色信号灯持续闪烁时,要注意观察路口内的通行情况,要在确保安全的前提下,低速通过路口。遇到其他机动车抢行进入路口时,要降低车速,确认安全后通过。

在有箭头信号灯路口左转弯,要提前向导向箭头指示向左变更车道,在直行车道绿灯或绿色箭头灯亮时进入左转弯待转区(图6-24)。路口右转弯,要在右转弯车道绿色箭头灯亮时,直接向右转弯。红色箭头灯亮时,不得向右转弯。

图6-23

图6-24

在没有箭头灯路口右转弯时,要开启右转向灯,提前在虚线区进入右转弯导向车道。进入路口遇路口红灯亮时,在不影响车辆和行人的情况下,可以沿右侧道路右转弯。

通过没有交通信号的路口直行时,要在接近路口前减速慢行,两侧有建筑物阻挡视线时,要提前减速慢行,注意前方可能出现的行人及车辆。没有交通信号灯控制的路口左转弯,靠路口中心点左侧转弯,口右转弯要减速或停车礼让横过道路的行人和非机动车(图6-25)。

进入环岛路口,不用开启转向灯。驶出环岛路口,要开启右转向灯(图6-26)。驶近主路和辅路交汇处的路口,要提前减速行驶,观察交汇处的车辆,谨慎驾驶。在交叉路口违法抢行容易引发交通事故。

图6-25

图6-26

12. 安全通过铁路道口

通过铁路道口发现横杆开始下落时,要及时将车停在停止线以外,不得加速抢行。通过无人看管的铁路道口,要做到"一停、二看、三通过"。跟随多车通过铁路道口,发现道口对面道路拥堵没有停车空间时,要及时停在停止线前,不得进入道口停车(图6-27)。

13. 安全通过学校区域

行车中,看到路边注意儿童标志,要提前减速注意观察。遇到校车停车上下学生时,立即停车等待,直至校车离开。路边停放较多车辆时,一般是上学或放学时段,要预防儿童突然横过道路或路边停的车突然开启外侧车门。

通过学校时,要减速慢行,注意观察标志标线,禁止鸣喇叭(图 6-28)。遇到儿童列队横过道路时,及时停车让行。发现一侧有人向路对面学生招手,要及时减速或停车,预防小学生突然横穿道路扑向对面家长(图 6-29)。

图6-27

图6-28

14. 安全通过居民小区

通过居民小区,要遵守限速标志的规定,按照限速低速行驶,注意避让居民,不得鸣喇叭。进入小区前要降低车速,注意观察,随时准备停车,不与行人抢行(图 6-30)。

图6-29

图6-30

在小区内行车,要随时注意两侧的情况,做好停车避让居民的准备,重点要注意避让儿童,如发现有皮球滚出要立即停车,预防撞上追球的儿童(图 6-31)。

遇到居民或行人占道行驶,保持安全距离行驶,等待居民或行人让行。发现行人或非机动车突然从一侧巷子或停放的车后横穿时,要及时采取减速或停车让行措施(图 6-32)。

15. 安全通过公交车站

通过停有公交车的车站时,要提前减速,注意公交车的转向灯和动态,缓慢超越,预防公交车突然起步或行人从车前穿出(图 6-33)。公交车站附近人较多时,要仔细观察人群的动态,发现有人横过道路时,要停车避让,不得迅速向左变更车道绕行。

图6-31

图6-32

遇到有非机动车或行人超越公交车时,及时采取减速或停车避让措施(图6-34)。与对面公交车站内公交车交会时,要减速观察公交车后方的情况,发现有人从车后横过道路,及时减速或停车让行。不得在公交车站停车上下客人或装卸货物。

图6-33

图6-34

16. 弯道安全驾驶

弯道行驶时,要在进入弯道前充分减速并靠右侧行驶最安全。在道路急转弯处,要减速靠路右侧行驶、鸣喇叭示意,注意对面来车,不能占用对方车道,做到"左转转大弯,右转转小弯"(图6-35)。

转弯时,遇到对面有来车的情况,应减速靠右侧行驶(图6-36)。弯道转弯过程中,要注意避让车辆和行人,不得占对向车道超车。转弯路段易引发事故的驾驶行为有占对向道行驶、在弯道内急转转向盘、驶入弯道前不减速。

图6-35

图6-36

课题二 文明行车

一、保护其他交通参与者

1. 通过人行横道的安全礼让

通过人行横道前,要提前减速观察,随时准备停车避让行人和非机动车。遇到没有行人通过的人行横道,也要减速通过。遇到行人正在人行道上行走时,要停车等待行人通过。在人行横道前,发现绿灯亮时还有行人横过道路的情况,要停车礼让行人通过后再起步(图6-37)。

通过人行横道看到右侧停有大型车辆时,一定要停车观察,以防停止的车辆的盲区里有行人、非机动车正在通过人行横道(图6-38)。超越停在人行横道线前的车辆时,一旦发现有行人或非机动从停的一侧车前过人行道时,立即停车让行。

图6-37

图6-38

2. 保护行人

行车中看到在机动车道边行走的行人时,要降低车速,注意观察动态(图6-39)。遇到在路边玩耍的儿童时,应该注意路边儿童可能会因为打闹而突然冲入路内。

看到行动不便的老年人在路边缓慢行走时,不可连续鸣喇叭催其让道,要减速慢行,做好随时停车礼让的准备。遇到缓慢横过道路的老年人,要及时减速或停车让行(图6-40)。遇到专注于使用手机的行人时,应注意观察动态,谨慎驾驶,做好停车准备。

发现有行人或儿童正在随意横过道路时,要正确判断行人或儿童的动态,减速行驶,做好停车避让准备。遇到有人翻越中间护栏时,要迅速减速或及时停车避让行人。在没有交通信号的路口处发现有行人突然横穿道路时,要迅速减速或停车让行。

图6-39

图6-40

在乡间道路行驶,要注意避让两侧行走的行人和在路边玩耍的儿童,可鸣喇叭提示,做好随时停车准备。遇到在路边挑担子的行人时,要保持较大的安全距离后超越,预防挑担人突然换肩或将担子横出发生危险(图6-41)。

雨天行车中,遇到撑雨伞和穿雨衣的行人在路边行走时,要适当降低车速,保持安全距离,注意观察行人动态,可提前轻按喇叭提醒,不得急加速绕行(图6-42)。

图6-41

图6-42

通过路边有行人的积水路面时,一定要减速,低速缓慢行驶,以免溅起的泥水弄脏行人的衣物(图6-43)。

3. 保护骑车人

行车中,遇到在右侧同向行驶非机动车占道影响通行时,要适当减速慢行,注意观察动态,保持安全间距,不得鸣喇叭加速超越(图6-44)。遇到成群的青少年骑自行车占道行驶,要保持安全距离后超越或主动减速让行。

图6-43

图6-44

由于自行车比较小,不太容易被看到。所以,驾驶机动车在转弯之前应留意旁边行驶的自行车看到路口有非机动车准备横过人行横道时,要主动减速让行(图6-45)。通过路边两侧有非机动车通行的积水路面时,一定要低速缓慢行驶,

157

不得加速或连续鸣喇叭通过。

4. 安全避让畜力车

行车中,看到路边有牲畜时,要减速慢行,注意观察牲畜的动态,缓慢通过。遇牲畜或野生动物占道影响通行时,要注意观察牲畜或动物的动向,随时避让横过道路的动物(图6-46)。

图6-45

图6-46

发现牲畜或野生动物横穿抢道或突然横穿道路时,要及时停车,与动物保持较远的距离,等待动物穿过,不可鸣喇叭或下车驱赶动物(图6-47)。

5. 保护乘车人

驾驶机动车起步前,驾驶人应要求乘车人系好安全带,告知乘车人不要把身体伸出车外,不要向车外抛洒物品。

二、与其他车辆共用道路的文明礼让

1. 遇紧急车辆的处置

行车中遇到执行任务的警车、消防车、救护车,要及时减速让行。发现特种车辆从右侧超越时,要及时减速并向左侧让行。遇到执行任务的消防车或抢救伤员的救护车逆向驶来时,要迅速靠右侧减速让行(图6-48)。

图6-47

图6-48

2. 礼让校车

行车中遇到运送学生的校车停车时,要立即停车等待,直到校车离开(图6-49)。遇到校车在道路右侧停车上下学生,同向只有一条机动车道时,后方机动车应当停车等待。同向有两条机动车道时,左侧车道后方机动车应当停车等待。同向只有三条机动车道时,中间车道后方机动车应当停车等待,左侧车道后方机动车可以减速通过。

3. 遇异常行驶机动车的礼让

行车中看到在道路上频繁变更车道、曲线或左右摆动行驶的车辆时,要考虑前车出现机械故障,或者驾驶人可能是酒后、吸毒、不良心态情况下驾驶,注意保持较大的跟车距离,不得加速超越或绕行(图6-50)。

图6-49

图6-50

遇有其他车辆不遵守通行规定,突然变道、加塞时,要减速礼让。遇到前方货车不按规定装载,装载砂石、煤炭、建筑垃圾等散碎货物的苫布覆盖不严或苫布脱落,要注意保持较大的跟车距离(图6-51)。遇有大型拉土(石)货车,应当尽量远离,避让。

高速行驶中,遇到前车扬起的飞石或遗撒物将风窗玻璃击裂,造成视线模糊不清的状况,要逐渐降低车速、开启危险报警闪光灯并将机动车移至不妨碍交通的地点。

4. 遇拥堵时的礼让

行车中遇到前方道路拥堵而行驶缓慢时,要依次跟车行驶,不得从两侧穿插超车(图6-52)。在有中心虚线的道路上跟车行驶,前方有车辆突然停车时,要减速停车,依次排队等候。遇前方路段车道减少,车辆行驶缓慢,为了保证安全有序,应依次交替通行。

图6-51

图6-52

进入交叉路口前,看到因路口对面拥堵造成车辆停车等待时,要在路口停止线外停车等待(图6-53)。通过没有交通信号控制的路口,看到路口内车辆通行混乱时,要注意观察路口车辆的通行情况,进入路口后随时准备停车礼让。在接近交叉路口遇到左侧有车辆强行加塞后迅速向右转向时,要礼让通行。

5. 会车时的礼让

会车中遇到对方来车行进有困难需要借道时,应礼让对方先行。当感觉与对向驶来的车辆有会车困难的时候,应及时减速靠边行驶,或停车让行。行经驼峰桥时会车,应降低车速,可鸣喇叭示意,靠右通行。在窄桥上会车,选择的交会位置不理想时,要停车选择会车地点,必要时倒车,让对方通过(图6-54)。

图6-53

图6-54

三、文明驾驶行为

1. 文明使用灯光

夜间驾驶汽车在照明条件良好的路段跟车行驶时,不得使用远光灯。夜间通过没有交通信号灯控制的交叉路口时,交替使用远近光灯示意,目的是让其他交通参与者更容易发现自己。夜间在窄路或者窄桥遇自行车对向驶来时,要使用近光灯。

大雨中跟车行驶时,使用近光灯的目的是不干扰前车视线,有利于自己看清道路(图6-55)。雾天行车开启雾灯是因为雾灯放射的灯光具有更好的穿透力,更容易让道路中其他车辆驾驶员注意到自己的车辆。

图6-55

2. 文明使用喇叭

驾驶机动车在规定禁止鸣喇叭或有禁止鸣喇叭标志的路段和区域,不得使用喇叭(图6-56)。雾天公路行车可多使用喇叭引起对向车辆注意,听到对向车辆鸣喇叭,也要鸣喇叭回应。通过山区道路弯道时,要做到"减速、鸣喇叭、靠右行"。

3. 常见不文明行为

一个合格的驾驶人,不仅表现在技术的娴熟上,更重要的是应该具有良好的驾驶行为习惯和道德修养。行车中要牢记谨慎驾驶的三原则是集中注意力、仔细观察和提前预防。在道路上行驶时,应当按照规定的速度安全行驶,

图6-56

文明驾驶,礼让行车,做到不开"英雄车""冒险车""赌气车"和"带病车"。行车中,驾驶人的违法和不文明行为,都会影响行车安全,引发交通事故。

常见的违法驾驶行为和驾驶陋习有:

(1)长时间右手抓住变速器操纵杆球头或左臂搭在车门窗上驾车。

(2)在道路上行驶时,随意向车外抛洒物品。

(3)穿拖鞋、高跟鞋、赤脚驾驶机动车。

(4)一边驾车,一边吸烟。

(5)边驾车,边打手持电话。

(6)长时间量靠近中心线或压线行驶。

(7)变更车道或超车不开转向灯,强行(或随意)并线。

(8)前方机动车停车排队缓慢行驶时加塞抢行。

(9)遇有自行车借道通行时,急促鸣喇叭。

(10)夜间会车或近距离跟车开启远光灯。

课题三 道路交通信号在交通场景中的综合应用

一、路口交通信号综合应用

1. 路口交通信号灯

驾驶机动车通过交叉路要严格遵守交通信号灯的指挥。绿灯亮时,要控制车速通过路口。红灯亮时,直行车辆要停在停止线以外停车等待绿灯放行,右转弯车辆在不影响放行车辆和行人通行的情况下沿路右侧转弯通行(图6-57)。在

堵车的交叉口绿灯亮时,车辆不可驶入交叉路口。

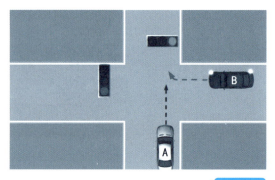

图6-57

黄灯亮时,要在停止线以外停车等待放行信号,已经越过停止线的车辆可以继续通行,不得在黄灯亮时抢行通过停止线进入路口。遇到黄色警示信号灯不断闪烁时,要注意瞭望道路后通过(图6-58)。

通过有方向信号灯的路口时,绿色箭头灯亮指的方向允许通行,红色箭头灯指的方向禁止通行。在设有掉头信号灯的交叉路口,红色掉头信号灯亮禁止车辆直接掉头,绿色掉头信号灯亮允许车辆掉头(图6-59)。

图6-58

图6-59

2. 交通警察手势信号

驾驶机动车在有交通警察指挥的交叉路口,看到交通警察向来车的路口发出手势信号时,车辆应交通警察按照的手势信号通行,其他路口的车辆要路口停止线以外停车等待。

在交叉路口看到交通警察发出停止手势信号时,禁止车辆通行,车辆在路口停止线以外停车等待。看到交通警察给左右两侧路口发出停止手势信号时,也要在路口停止线以外停车等待(图6-60)。

在交叉路口看到交通警察发出直行手势信号时,允许车辆在路口直行通过。看到交通警察给左右两侧路口发出直行手势信号时,车辆要在路口停止线以外停车等待(图6-61)。

单元6　安全文明驾驶常识

图6-60

图6-61

在交叉路口看到交通警察发出左转弯手势信号时,允许车辆在路口向左转弯通过。看到交通警察给左右两侧路口发出左转弯手势信号时,车辆要在路口停止线以外停车等待(图6-62)。

在交叉路口看到交通警察发出右转弯手势信号时,允许车辆在路口向右转弯通过。看到交通警察给左右两侧路口发出右转弯手势信号时,车辆要在路口停止线以外停车等待(图6-63)。

图6-62

图6-63

在交叉路口看到交通警察发出左转弯待转手势信号时,允许车辆进入路口左弯待转区等候。看到交通警察给左右两侧路口发出左转弯待转手势信号时,车辆要在路口停止线以外停车等待(图6-64)。

在交叉路口看到交通警察发出减速慢行手势信号时,车辆进入路口应减速慢行。看到交通警察给左右两侧路口发出减速慢行手势信号时,车辆要在路口停止线以外停车等待(图6-65)。

图6-64

图6-65

3. 路口交通标志

驾驶机动车通过路口时,应注意观察交通标志,按照交通标志的提示和指示通行。尤其是在没有信号灯的路口,要严格遵守交通标志(图6-66)。路口交通标志有警告标志、禁令标志、指示标志、指路标志。

4. 路口交通标线

驾驶机动车通过路口时,要注意观察交通标线,按照交通标线的指引通过路口(图6-67)。交通标线有指示标线、禁止标线和警告标线。

图6-66　　　　　　　　　　图6-67

二、路段交通信号综合应用

1. 路段信号灯

在有车道信号灯的路段通行,要选择绿色箭头灯亮的车道通行,禁止驶入红色叉形灯亮的车道(图6-68)。

2. 路段警告标志

驾驶机动车看到路边的警告标志时,根据警告标志图形的含义判断前方的危险状态,谨慎通过(图6-69)。警告标志的颜色为黄底、黑边、黑图形。形状为等边三角形(顶角朝上)或矩形。有辅助标志说明的,根据辅助标志含义通过。

图6-68　　　　　　　　　　图6-69

3. 禁令标志

驾驶机动车在有禁令标志的路段行驶时,要根据禁令标志图形的含义判断前方路段禁止、限制的内容,严格遵守标志通行(图6-70)。禁令标志的颜色为白底、红圈、红杠、黑图形。形状为圆形。有辅助标志说明的,根据辅助标志含义通过。

4. 路段指示标志

驾驶机动车看到指示标志时,要根据指示标志图形的含义判断行驶的路线、方向,按照指示标志的指示通行(图6-71)。指路标志的颜色为蓝底、白图形。形状为圆形、长方形和正方形。有辅助标志说明的,根据辅助标志含义通过。

图6-70

图6-71

5. 路段指路标志

驾驶机动车行车中,要根据指路标志传递的道路方向、地点、距离等信息,选择行驶路线和地点(图6-72)。一般道路上的指路标志为蓝色、白图形、白边框、蓝色衬边。高速公路和城市快速路指路标志为绿底、白图形、白边框、绿色衬边。形状为长方形和正方形。

6. 路段指示标线

驾驶机动车在道路上行驶时,要遵守道路指示标线(图6-73)。根据指示标线图(线)形的含义判断行车道、行车方向、路面边缘、人行道、停车位、停靠站及减速丘等,按照指示标线的指示通行。

图6-72

图6-73

7. 路段禁止标线

驾驶机动车在道路上行驶时,要遵守道路禁止标线(图6-74)。根据禁止标线的含义判断遵守、禁止、限制等特殊规定,按照禁止标线的告示通行。

8. 路段警告标线

驾驶机动车在道路上行驶时,要遵守道路警告标线(图6-75)。根据警告标线的含义了解道路上的特殊情况,提高警觉,准备应变方法措施。

图6-74

图6-75

三、特殊场所交通信号综合应用

1. 无人看守的铁路道口

通过无人看守的铁路道口遇到一个红灯亮或两个红灯交替亮时,要在道口停止线以外停车等候,待红灯熄灭后方可起步通过铁路道口(图6-76)。

2. 有人看守的铁路道口

通过有人看守的铁路道口,要注意减速慢行,服从交通信号和管理人员指挥。看到铁路道口横杆开始下落时,要及时将车停在停止线以外,不得加速抢行(图6-77)。

图6-76

图6-77

课题四　恶劣气象和复杂道路条件下安全驾驶

一、通过桥梁、隧道的安全驾驶

1. 通过桥梁的安全驾驶

经过一般公路跨线桥时,要按照标志指引的车道和限定速度行驶。通过跨江、河、海大桥时,要控制好方向,遵守限速规定,以防桥上的横风造成车辆行驶

单元6　安全文明驾驶常识

偏离。通过路面条件较好的窄桥，要控制车速不超过30km/h（图6-78）。

图6-78

2. 通过隧道的安全驾驶

隧道对通行的车辆都有限高要求，对行车速度进行了限制。一般隧道口前都会有限高、限速及隧道开灯标志。隧道内还设置开灯、限速、限高、限宽、限载、预防横风、鸣喇叭标志，及疏散、紧急停车带、紧急电话、消防设备箱等标识（表6-1）。

隧道内常见标识　　　　　　表6-1

标识名称	图示	设置及含义
疏散标识		设置于隧道两侧墙上，每隔50m设置一处，标识上两侧数字代表距两侧疏散通道的长度，逃生时可根据疏散标识上的指示，向最近的疏散通道或出口逃生
紧急停车带标识		设置于隧道紧急停车带处，主要是指示驾驶人在遇到紧急情况时在何处可以暂时停车，是每一个隧道紧急停车前必不可少的一种安全指示标识

167

续上表

标识名称	图示	设置及含义
紧急电话标识		设置位于行车方向右侧,一般每隔150m设置一个,当在隧道内遇到事故时,第一时间按下绿色按钮,就可直接与隧道管理人员通话,请求救援
消防设备箱标识		设置于隧道内消防设备箱上方,同时设有消防设备箱,箱内设有干粉灭火器、消火栓、泡沫灭火装置。在隧道内遇到火灾事故时,可直接取出使用。火灾初期,规模较小时,可采用干粉灭火器或消防栓进行灭火。油类火灾时,可采用泡沫灭火装置进行灭火。采用泡沫灭火装置灭火时,应先开启水龙头开关,后开启泡沫开关

隧道内部光线暗淡,行车环境相对较差,属于半封闭状态,具有空间狭小、能见度低、疏导救援难度大的特点,一旦发生交通事故,救援难度非常大,并且容易引起二次事故甚至连环事故。有的隧道由于地理位置原因,路面经常出现积水潮湿,威胁行车安全。由于隧道内光线较暗,如果隧道入口附近有因故障或事故停驶的车辆,且未进行安全警示处置措施,对刚驶入的车辆威胁极大。

当人由黑暗环境突然进入非常明亮的环境或由光亮的地方突然进入黑暗的地方,眼睛会有短暂的"失明"现象,一段时间后视力逐渐恢复,这个过程分别就是明适应、暗适应。眼睛的明暗适应依个人情况有所不同,一般从数秒到1min不等,但明适应比暗适应经历的时间短。车辆驶入、驶出隧道,驾驶人就有一个暗适应和明适应的过程,要充分认识明暗适应的生理特点,善于利用车辆灯光改善这种适应过程,注意控制车速,避免发生危险。戴墨镜驾驶时,进隧道前要摘掉墨镜。驶出隧道后,在明适应过程中切勿盲目加速,以免因视力瞬时下降不适应环境而造成危险。

由于驾驶人的生理、心理差异,在隧道内驾驶会出现不同反应:有的人在进入隧道后会感到不舒服,并产生与隧道内壁相撞的感觉;有的人看到两侧墙壁飞快地向后移去,甚至会产恐惧感。这些都会大大增加驾驶人的心理负担,可能因此误打转向盘,很容易与两侧墙壁或并行的车辆相撞,造成事故。隧道内的交通事故诱因主要有隧道内分心驾驶、恶劣天气、违法变更车道、车速过快等。常见的交通事故类型包括追尾、同向刮擦、剐撞隧道壁等。隧道内超速极易引发追尾、剐撞隧道壁等事故。

行车中,看到隧道标志,要提前降低车速;进入隧道前,注意观察隧道口前的限速、限宽、限高、隧道开灯标志和其他注意事项;驶近隧道口时,注意观察交通信号和隧道口提示,提前按标志要求操作,降低车速、开启前照灯。进入双向通行的隧道前,要开启近光灯、靠右侧行驶、注意对向来车,做好避让准备。进入隧道前减速,可以使后面的车辆速度降下来,减少被追尾的风险(图6-79)。距离隧道50m以内的路段,不得停车。

图6-79

进入隧道前的路面标线一般为实线,因此禁止在隧道口超车。隧道入口处有情报板的,驾驶人一定要注意情报板上的提示信息,第一时间了解隧道内是否有紧急情况,不要贸然驶入。遇到隧道入口处有车辆排队通行时,要按顺序排队通行,不可贸然进入无排队车辆的车道,预防其他车道内有停驶的车辆或障碍,避免引起事故。进入高速公路隧道前,观察隧道口的指示灯,按照指示灯的指示行驶。进入高速路以外的其他隧道前,要提前选择安全的地点停车检查车辆,驾驶人可做适当休息。

进入隧道后,注意"暗适应"对行车的影响,遵守交通信号和有关规定,视线注视点放到远处,不要看两侧隧道壁上,尽量靠右侧行驶。跟车行驶注意保持安全间距,会车时不要使用远光灯。驶入双向通行的隧道时,应靠右行驶,注意对向来车(图6-80)。

图6-80

通过隧道时要合理使用灯光并控制车速,注意观察隧道内的交通情况,在机动车、非机动车和行人混合使用的隧道内行驶时,尤其要注意是否有行人和非机动车,尽量降低车速,在路面中央行驶,提高警惕,随时注意观察两侧的非机动车、行人的动态。如果在隧道内遇到行人或骑自行车的人(非机动车),驾驶人一定要观察行人和骑车人的动态,注意避让。在隧道内尽量避免使用喇叭。隧道内结冰或路面湿滑时,应保持低速行驶,不要急踩制动踏板,以免发生侧滑。

隧道内跟随车流行驶时,要保持限速范围内的车速行驶,加大跟车距离,后车应当与前车保持足以采取紧急制动措施的安全距离,以防前车因紧急制动或减速。如果发现行驶路线错误,但已经进入隧道,则需要继续行驶,待驶出隧道后再寻找合适地点掉头返回。严禁在隧道内变更车道、超车、倒车、掉头和随意停车。

隧道内施工或临时管制时,一般隧道前都会有相应的提示牌、警示灯提示,此时行车道会受到临时管制变窄,驾驶人应根据交通信号灯或交通标志标线的指示行驶。隧道内遇堵车时,应耐心等待,不得随意变更车道、穿插等候车辆。并随时关注前方交通堵塞原因及拥堵状态,遇前方有人告知险情时,及时逃生。

通过仅能单向通行的窄隧道时,应提前减速,开启前照灯,观察有无对向来车,确认安全后方可通过。如发现对向有来车时,应在隧道口外靠右停车让行,待来车通过后再驶入隧道。如遇有信号灯控制的隧道时,应严格遵守红灯停车、绿灯通行的规则。在入口处设有信号灯的隧道口,只有当绿色信号灯亮时,方可驶入。进入仅容一辆车通行的双向隧道遇对向有车通过时,要靠右侧停车等待。通过无管制的单车道隧道,在接近隧道口时,应仔细观察,如隧道内已有对向来车行驶,应主动避让,避免在隧道内"顶牛"。

驶入双向通行的隧道时,应开启近光灯,靠右行驶,注意对向来车。会车发现对方来车使用远光灯时,可变换远近光灯提示对方,减速并及时调整视线,避开对面远光灯的直接照射,加大横向距离低速安全会车,不可开启远光灯。使用远光灯,容易因炫目而引发交通事故。

进入长隧道、特长隧道和隧道群行驶前,应寻找合适的位置停车,进行短暂的休息,检查车辆,确保万无一失后,精力饱满地驾驶车辆通过隧道。较长的隧道大多有安全出口,位置一般都在隧道出入口处标明,隧道内有标志提示。安全疏散出口平坦、路线简洁无交叉,有事故照明、排烟设备。驾驶人在进入长隧道前就应提前注意观察标志,一旦遇到隧道内失火,可参照标志驶入安全出口。

运输危险货物时,一定要了解当地对隧道通行的规定,由于隧道具有相对封闭,光线较暗,出现事故救援难度大等特点,很多地方都明确规定(未经允许,禁止危险货物运输车辆在隧道内通行或只允许在限制时间内通行)。未经批准的危险货物运输车辆,不得进入隧道行驶,对于禁止危险货物运输车辆通行的隧道,车辆要提前绕行。如果隧道为车流量较大、行人较多的隧道或者混合使用的隧道,危险货物运输车辆应提前绕行,尽量避免通过隧道。无法避免道内通行时,应选择车流量较小的时段或夜间通过。运载爆炸物品、易燃易爆化学物品及剧毒、放射性等危险物品的车辆不能进入隧道。

驶出隧道时,眼睛会经历"明适应"的过程,注意提前降低车速,握稳转向盘,与前车保持安全距离,可利用前车挡住强光,以防因"明适应"影响,偏离行驶路线,车辆失去控制。待车辆完全驶出隧道口且眼睛完全适应隧道外光线后,再关闭灯光,提高车速(图6-81)。

图6-81

驶出隧道前,在隧道口外会有横风,要通过车速表确认行车速度,不能凭直觉判断车速。到达隧道出口时,要握稳转向盘,以防受隧道口外的横向风影响,引起车辆偏离行驶路线。遇横风时,应缓踩制动踏板,低速行驶,握紧转向盘,稍微向逆风方向修正。

山区隧道内一般都比较狭窄、黑暗,有时路面湿滑。较短的隧道可从入口看到出口,而较长的隧道或路途弯曲的隧道则从入口无法看到出口。雨天驶入、驶出隧道时,由于明暗差大和雨水造成的水帘影响,视线变差,应降低车速行驶,注意观察隧道内的行人和非机动车的动态。严寒天气通过隧道时,需提前防范,小心应对隧道口路面结冰的情况,在隧道与桥梁连接路段要特别注意。隧道口存在一定的视野盲区,驶出隧道前要谨慎驾驶,预防隧道口有行人横穿。

二、山区道路安全驾驶

1.跟车安全距离的控制

驾驶机动车在山区道路行驶时,上坡路段时的安全跟车距离应比平坦路段时大。跟车行驶要保持与前车的安全距离,注意观察前车信号灯的变化,随时预防前车突然停车。遇前车停车时,需保持较大停车距离,以防前车停车后溜而发生碰撞事故(图6-82)。

在沙土路段跟车行驶,遇到前车行驶扬起的尘沙,遮挡视线无法看清前方道路情况时,要适当加大跟车距离,不得加速盲目超车(图6-83)。

图6-82

图6-83

通过凹凸路面时,应低速缓慢平稳通过。通过落石多发的山区道路,应注意观察,尽快通过,尽量避免临时停车(图6-84)。

2. 超车安全驾驶

山区道路行车尽量避免超车,尤其是下坡路段由于车辆重力作用,车速容易过快,车辆比平路时操控困难。需要超车时,要选择路面宽阔的上坡路段,应提前开启左转向灯,鸣喇叭示意,确认前车让超后超越。不得在路面狭窄、急转弯、连续转弯等不具备条件的路段超车(图6-85)。

图6-84

图6-85

在上坡路段接近坡顶时,超车存在风险,接近坡顶时视线受阻,无法观察坡顶之后道路走向、对向来车情况和坡顶之后是否有障碍物。下坡路段车辆由于重力作用,车速容易过快,下坡路段由于重力作用,车辆比平路时操控困难,因此在山区下坡路段尽量避免超车。

3. 会车安全驾驶

山区道路会车,应选择路面较宽的路段会车。在山区危险路段行车,遇对面来车在临崖一侧,靠山体一侧车辆要选择安全的地点让行,做到先让、先慢、先停,为临崖车辆留出足够的时间、空间会车(图6-86)。

在转弯下陡坡路段遇对面来车,要在转弯前减速行驶,靠路右侧行驶会车。傍山险路靠山体一侧行车遇对面有来车时,要靠右侧低速行驶,尽量给对面来车让出路面,确保通行安全(图6-87)。

图6-86

图6-87

4.上坡道安全驾驶

驾驶机动车在山区上坡路段行驶,应尽量匀速前进,尽量避免换挡,时刻注意下行车辆。山区道路上坡行驶时,要在车速下降前减挡,以保持充足动力。上陡坡路段,应提前观察坡道长度,上坡前减挡保持动力,尽量避免途中减挡(图6-88)。在上坡路段停车时,使用行车制动要比在平路时推迟。

驶近坡道顶端等影响安全视距的路段时,要考虑到潜在的风险(图6-89):坡顶可能停放一辆车,对面驶来的车辆可能会占用车道,前方道路可能有障碍物或有弯道,要减速慢行并鸣喇叭示意,不得加速冲过坡顶。

图6-88

图6-89

机动车在山区道路行驶时,应该尽量避免停车。在山区道路因故障停车,尽量选择平缓路段停放。在上坡路段临时停车时,为避免机动车后溜可将转向盘向左转,拉起驻车制动器,开启危险报警闪光灯(图6-90)。

因发生故障在上坡路段停车检修时,应在后方用塞车木或石块塞住车轮以防车辆后溜,按规定在车后方设置警示标志(图6-91)。山区容易塌方、泥石流路段都不能停车。

图6-90

图6-91

5. 下坡道安全驾驶

在山区道路下坡行驶时,要提前减速减挡,利用发动机制动控制速度。下长坡或下陡坡时,要根据坡度的大小,提前选择中速挡或低速挡行驶,用挡位控制车速。下长坡连续使用行车制动,会使制动器温度升高而使制动效能急剧下降,造成制动器制动效果下降行或车制动器失灵。下长坡严禁使用空挡滑行,以免导致再次挂挡困难引发事故(图6-92)。

在下坡路段停车时,使用行车制动要比在平路时提前。在下坡路段临时停车时,为避免机动车后溜可将转向盘向左转,拉起驻车制动器,开启危险报警闪光灯(图6-93)。

图6-92

图6-93

因故障在山区下坡路段长时间停车时,为避免机动车后溜可将转向盘向右转,在前方用塞车木或石块塞住车轮以防车辆后溜(图6-94)。

6. 弯道安全驾驶

山区道路弯道行车,要在转弯前减速,沿弯道右侧行驶,做到"减速、鸣号、靠右行"(图6-95)。在路面较窄的急弯处行车时,要集中注意力,降低车速,注意鸣喇叭,做好停车准备。

图6-94

图6-95

行至遮挡视线的弯道处,应预防对向可能有车辆驶来(图6-96);注意转弯半径较小,车速过快容易引起车辆失控;转弯后路面可能存在落石、凹陷等特殊路况;遇前方有非机动车时,要注意预防骑自行车者可能由于上坡等原因突然改变方向。

单元6 安全文明驾驶常识

三、夜间安全驾驶

1.夜间灯光的使用

夜间驾驶机动车开启灯光,不仅为了看清路况,更重要的是让其他交通参与者能够观察到车辆的存在。夜间驾驶机动车起步,应首先开启近光灯。通过照明条件良好的路段,使用近光灯。通过没有交通信号灯控制的交叉路口交替使用远近光灯示意,目的是使其他交通参与者更容易发现自己。遇到对面有非机动车的情况,应使用近光灯(图6-97)。夜间车辆灯光发生故障时,要尽快选择安全区域缓慢停车。

图6-96

图6-97

2.夜间跟车安全驾驶

机动车在夜间行驶的主要影响是能见度低,不利于观察道路情况。在夜间行驶,要降低速度,谨慎驾驶(图6-98)。在照明条件良好的路段跟车行驶,要使用近光灯,保持安全距离,注意前车信号灯变化,做好减速或停车准备。在路口遇到前车遮挡交通信号灯时,应减速做好停车准备。

3.夜间超车、让超车安全驾驶

夜间驾驶机动车严禁在弯道超车,超车遇前车不让路时,要保持距离等待让行。发现后车开启左转向灯发出超车信号时,在有让超车条件,保证安全的情况下,减速靠右让路(图6-99)。

图6-98

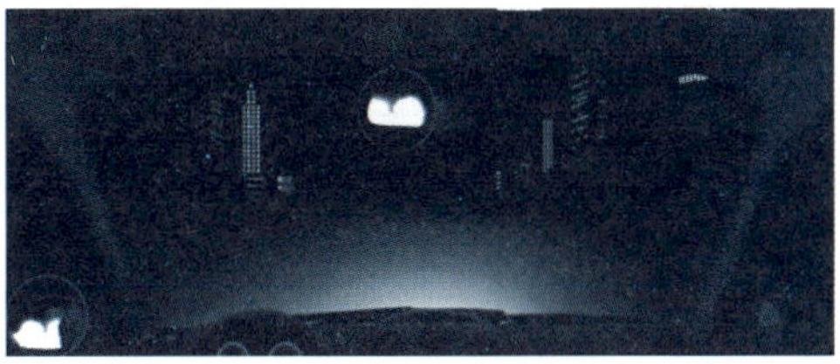

图6-99

4.夜间会车时的安全驾驶

夜间会车前,为了便于双方观察前方情况,两车在相距150m之外交替变换

175

前照灯远近光。在人行横道前遇行人横过时,停车让行人优先通过(图6-100)。在窄路遇到对面驶来非机动车时,应使用近光灯,减速或停车避让。

遇到对向来车未关闭远光灯时,可变换使用远近光灯提示,如遇对方持续开启远光灯,应当使用近光灯,视线向右平移防止眩目,及时减速让行,低速会车或靠边停车让行。如果对面来车近距离仍未关闭远光灯时,应减速行驶,以防两车灯光交汇处形成的视线盲区内有行人通过时发生事故(图6-101)。

图6-100

图6-101

四、特殊道路及恶劣气象条件下的安全驾驶

1. 雨天安全驾驶

雨天影响安全行车的主要因素有视线受阻、路面滑湿、附着力变小,影响驾驶人视野(图6-102)。在湿滑路面上行驶时,路面附着力随着车速的增加急剧减小,下雨开始时的路面最容易发生侧滑,在雨天湿滑路面行车要尽量避免紧急制动。大雨天行车,为避免发生"水滑"而造成危险,要控制速度行驶。

雨天安全行车,应注意保持安全距离,注意非机动车和行人动态,选择安全车速行驶,避免紧急制动、紧急转向(图6-103)。跟车行驶时,为了不干扰前车视线,有利于自己看清道路,要使用近光灯,保持安全距离,避免超车。

图6-102

图6-103

雨天遇到撑雨伞和穿雨衣的行人在路边行走时,要适当降低车速,保持安全距离,注意观察行人动态,可提前轻按喇叭提醒,不得急加速绕行(图6-104)。遇行人占道行走时,应提前减速行驶,鸣喇叭提醒,保持安全距离,不得急加速绕行。遇暴雨,刮水器无法改善驾驶人视线时,要立即减速靠边停驶。雨天临时停

车,应开启危险报警闪光灯。

2. 冰雪道路的安全驾驶

冰雪路面行车,稳定性降低,操控难度增大,制动距离延长,极易发生侧滑,加速过急时易产生车轮空转或溜滑(图6-105)。在冰雪道路行车,必须降低车速行驶,必要时可安装防滑链,减速或停车充分利用发动机牵制作用制动。冰雪道路行车,由于路面湿滑,车轮附着力减小,跟车行驶要保持较大的安全距离。

图6-104

图6-105

有积雪的道路,由于积雪对光线的反射,极易造成驾驶人炫目。在积雪覆盖的路面行车,可根据路边树木、电杆等参照物判断行驶路线,有车辙的路段要循车辙低速行驶,避免紧急制动和急转方向(图6-106)。

山区冰雪道路行驶遇前车正在爬坡时,应选择适当地点停车,等前车通过后再爬坡(图6-107)。在结冰的道路上会车时,应提前减速,缓慢交会。雪天临时停车,要开启危险报警上光灯提醒其他车辆。

图6-106

图6-107

3. 雾天安全驾驶

雾天行车,能见度低,要正确使用灯光,减速慢行(图6-108)。雾灯在雾天放射的灯光具有更好的穿透力,更容易引起道路中其他车辆注意。雾天行车,要开启雾灯和危险报警闪光灯,玻璃上出现因雾气形成的小水珠时,及时用刮水器刮净。雾天在公路行车可多使用喇叭引起对向车辆注意,听到对向车辆鸣喇叭,要鸣喇叭回应。

雾天跟车行驶,要降低行车速度,加大跟车间距,注意前车动态(图6-109)。雾天两车交会,要低速大间距。浓雾天会车,要适当降低行驶车速,靠右行驶,集中注意力驾驶。遇到大雾或特大雾、浓雾等能见度过低天气时,要选择安全地点停车,停车后开启危险报警闪光灯。

图6-108

图6-109

雾天在道路中抛锚不能移动时,应立即打开危险警报灯,要求车内所有人员立即下车远离事故车辆,在车后设置危险警告标志警告来往车辆,立即拨打交通事故报警电话122请求援助。驾驶机动车遇到沙尘、冰雹、雾、雨、雪等低能见度条件时,应开启前照灯、示廓灯和后位灯。遇雨、雪、雾等视线不清或路面较滑时,应降低车速行驶,加大横向间距,必要时停车避让。

图6-110

4. 大风天气安全驾驶

大风天行车需要注意关紧车窗,尽量避免制动,注意车辆的横向移动(图6-110)。大风沙尘天气行车正确的做法是关紧车窗,降低行驶速度,握稳转向盘,注意观察路面情况。

大风天气行车,由于风速和风向往往不断地发生变化,当感到转向盘突然"被夺",或者感到转向盘突然难以控制,或者遇到较强横风或狂风袭来感觉机动车产生横向偏移时,要双手稳握转向盘,不得采取紧急制动或急转向以恢复行驶方向。

5. 泥泞道路的安全驾驶

泥泞路行车,车轮极易空转和侧滑,遇到泥泞或翻浆路段时,要停车观察,选择平整、坚实或有车辙的路段通过。通过泥泞路前,要选用中低速挡慢速行驶,用加速踏板控制车速,匀速一次性通过,尽量避免使用行车制动器。通过泥泞路段,要稳握转向盘,平稳地转动转向盘,避免由快速猛转动转向盘而引起侧滑,导致行驶方向失控,发生危险。

车辆在泥泞路段后轮发生侧滑时,要向车尾(后轮)侧滑的方向缓转转向盘转适量修正。在泥泞路段起步或者陷住,遇驱动车轮空转打滑时,切忌选择急加速,可在驱动轮下铺垫砂石等,增加摩擦力。

泥泞路驾驶

6. 涉水道路的安全驾驶

行车中,遇到漫水路(桥)时,要停车察明水情,确认安全后,挂低速挡保持足够动力,匀速通过(图6-111)。通过漫水路,特别注意减速慢行,不要注视水流的变化,避免中途停留。通过积水路段,要减速慢行,注意避让行人或非机动车。涉水后,间断轻踏制动踏板,排干制动器摩擦片与制动毂间的积水,以恢复制动效能。

五、高速公路安全驾驶

1. 驶入收费口

驾驶机动车进入高速公路收费口,应减速慢行,有序行驶,选择绿灯亮起的收费口进入。安装ETC卡的车辆,可经电子不停车收费专用ETC车道低速通过收费口。

2. 安全汇入车流

驾驶机动车驶入高速公路匝道时,开启右转向灯,遵守限速规定,依次通行,不准超车、掉头、停车(图6-112)。从匝道驶入高速公路加速车道,应当开启左转向灯。

图6-111

图6-112

进入加速车道后,尽快将车速提高到60km/h以上,选择适当时机汇入车流(图6-113)。从加速车道进入行车道不能影响其他机动车正常行驶,并避免在加速车道减速或停车。

3. 行车道选择

在同方向有2条车道的高速公路,车速为低于100km/h,应在右侧车道上行驶。同方向有3条以上车道的,最左侧车道的最低车速为110km/h,车速高于90km/h、低于110km/h的机动车不应在最左侧车道上行驶(图6-114)。在高速公路不得频繁地变更车道,更不能从相距较近的正常行驶车流中间穿插行驶。

行车中感到疲劳或瞌睡时,应选择就近的服务区休息,不允许用通过超车或者迅速变道提神的方法来防止瞌睡。

图6-113

图6-114

4. 行车速度、安全距离确认

高速公路上遇高速公路限速标志标明的车速与车道行驶车速的规定不一致的,应按照限速标志标明的车速行驶。

机动车在高速公路上行驶,车速超过100km/h时,应当与同车道前车保持100m以上的距离,车速低于100km/h时,与同车道前车距离可以适当缩短,但最小距离不得少于50m。遇有雾、雨、雪、沙尘、冰雹等低能见度气象条件下,能见度在100m以下时,应开启危险报警闪光灯,车速不得超过40km/h,与同车道前车至少保持50m的距离。

5. 应急车道的使用

高速公路行车需要临时停车时,要选择到服务区,非紧急情况时不得在应急车道行驶或者停车。机动车在高速公路上发生故障需检查时,应在应急车道停车。因故障或者事故在高速公路行车道上紧急停车时,驾乘人员要迅速转移至右侧路肩上或应急车道内。

高速公路
故障停车

6. 安全通过高速公路隧道、桥梁

进入高速公路隧道前,按照隧道口标志上规定的速度调整车速,开启近光灯进入隧道(图6-115)。驶出高速公路隧道口时,要握稳转向盘,遇横风会明显出现方向偏移情况。

7. 驶离高速公路

驶离高速公路时,应提前开启右转向灯,驶入减速车道减速,按规定的时速进入匝道(图6-116)。进入匝道后,按照标志限定时速行驶。如果因疏忽驶过出口且下一出口距离较远时,要继续向前行驶,寻找下一路口驶回。

图6-115

图6-116

课题五　紧急情况下避险

一、紧急情况通用避险知识

1. 紧急情况下的避险原则

紧急情况下避险始终要把人的生命安全放到第一位。行车中遇紧急情况避险时，要沉着冷静，坚持先避人后避物的处理原则。在高速公路或其他道路高速行驶，遇到紧急情况避险时，要坚持采取制动减速、不急转向的原则，不要轻易急转向避让，以减小碰撞损坏程度。

2. 轮胎漏气的处置

轮胎漏气会造成轮胎气压过低时，高速行驶会使轮胎出现波浪变形温度升高而导致爆胎。发现轮胎漏气，要尽快将车驶离主车道时，慢慢制动减速，不要采用紧急制动，以免造成翻车、或后车采取制动不及时导致追尾事故。

3. 突然爆胎的处置

行车中驾驶人意识到爆胎时，要双手紧握转向盘，松开加速踏板，尽力控制车辆直线行驶的情况下，轻踏制动踏板，尽量采用抢挂低速挡的方法，利用发动机制动缓慢减速停车，切忌慌乱中急踏制动踏板紧急停车。在尚未控制住车速前，不要冒险使用行车制动器停车，以避免机动车横甩发生更大的险情。后轮爆胎时，注意控制行驶方向并慢慢减速停车；前轮爆胎时，要在控制住行驶方向后，采取抢挂低速挡的措施减速停车。

轮胎气压过高或过低、磨损严重、尖锐物体刺伤轮胎、车辆超载超员都能够引起或导致轮胎爆裂。避免爆胎的正确做法是定期检查轮胎，及时清理轮胎沟槽内的异物，及时更换有裂纹或损伤的轮胎，不要采用降低轮胎气压来避免爆胎的错误做法。汽车专用备胎只能用于应急临时使用，不可作为正常轮胎长期使用。

在高速公路上行驶时，车辆左前轮突然爆胎，行驶方向易发生变化，紧急制动容易引起侧翻。因此，驾驶人须第一时间紧握转向盘，然后轻踏制动踏板进行减速，并将车停靠在紧急停车带上。

4. 转向突然失控的处置

机动车高速行车中，出现转向失控时，若前方道路条件能够保持直线行驶，驾驶人要开启危险报警闪光灯，可采用抢挂低速挡方法控制车速，并合理使用行车制动和驻车制动，避免紧急制动。在转向失控的情况下紧急制动，很容易造成翻车。在高速公路行驶，如果发生转向失灵，不能紧急制动。

当转向失控行驶方向偏离，事故已经无可避免时，应果断地连续踩踏、放松制动踏板或采取紧急制动，尽快减速停车，尽量缩短停车距离，减轻撞车力度。驾驶装有转向助力装置的机动车突然发现转向困难、操作费力时，要及时停车查明原因，不得继续行驶。

5. 制动突然失控的处置

机动车在行驶中突遇制动失灵时，驾驶人要握稳转向盘，开启危险报警闪光灯，抢挂低速挡减速，同时使用驻车制动器辅助减速。

机动车在行驶中出现制动失效后，要首先控制方向，再设法控制车速。下坡路行驶，制动突然失效后，可利用道路边专设避险车道减速停车，停车后，拉紧驻车制动器，以防溜动发生二次险情。在不得已的情况下，可将车向上坡道方向行驶或用车身侧面擦撞山坡、靠向路旁的岩石或树木碰擦，迫使机动车减速停车。

有效预防机动车发生制动失效的措施是定期维护制动系统，行车前检查制动踏板的自由行程，正确使用制装置，防止热衰退。采用液压制动的机动车，行车前检查制动液是否有滴漏。

6. 发动机突然熄火的处置

行车中发动机突然熄火后不能起动时，要立即开启危险报警闪光灯，缓慢减速，将车移到不妨碍交通的地方停车，并放置故障车警告标志，检查熄火原因。

发动机突然熄火时的
应急处置

7. 侧滑时的处置

驾驶机动车在冰雪路面上制动，车轮最容易抱死，前车轮抱死会使车辆丧失转向能力，后车轮抱死会使车辆侧滑甩尾，转弯时速度过快容易发生侧滑。驾驶未安装制动防抱死装置(ABS)的机动车在冰雪路面使用制动时,要轻踏或间歇踩踏制动踏板,发生侧滑时,不要猛打转向盘调整。前轮侧滑时,向侧滑相反方向转动转向盘进行调整,后轮侧滑时,向侧滑方向转动转向盘进行调整。

8. 碰撞、倾翻时的应急处置

在车速较高可能与前方机动车发生碰撞时,驾驶人要采取先制动减速,后转向避让的措施。与其他机动车发生正面碰撞已不可避免时,应迅速采取紧急制动,减轻碰撞力度。发生撞击的位置不在驾驶人一侧或撞击力量较小时,要紧握转向盘,两腿向前蹬,身体向后紧靠座椅,不得从一侧跳车。与对向来车发生正面碰撞且碰撞位置在驾驶人正前方时,要迅速躲离转向盘,往副驾驶座位躲避,并迅速将两腿抬起,避免身体受到挤压。机动车突然发生倾翻时,驾驶人要双手紧握转向盘,双脚勾住踏板,背部紧靠椅背。

9. 火灾时的应急处置

机动车发生火灾时,要设法将机动车停在远离城镇、建筑物、树木、机动车及易燃物的空旷地带,并及时把事故情况和地点通报给救援机构,不得将机动车驶进服务区或停车场灭火。机动车行驶时突然发生车辆自燃,驾驶人应在来车方向设置警告标志,及时报警,使用车内备用的灭火器灭火。为了预防行车中突然起火造成的危险,应随车携带灭火器。

隧道内发生火灾时,驾乘人员应第一时间弃车逃生,如果人员被困在车厢内,应果断地用车内消防锤、高跟鞋等尖利物体敲碎车窗,逃离车辆。靠近隧道出口的车辆应加速驶离隧道,离出口较远的车辆,驾驶人和乘员应下车反方向逃离,切忌将车辆掉头后逆向驶出隧道。隧道内的逃生通道一般位于隧道中央或右侧,有明确的指示牌,人员可以根据指示牌的指示疏散。逃生时可以走"人行横洞",能逃入通向地面的安全出口。逃生时若视线不清,要手摸着墙壁,或打开手机手电筒功能,快速撤离。驾驶人离开车辆时,应将钥匙留在车上(以便救援人员移动车辆),在车身后放置警示标志后离开隧道,切不可贪恋财物。逃离火灾现场时,用浸湿的毛巾或衣物等随身物品捂住口鼻,以便滤烟防毒,弯腰快速撤离,向火势、烟雾飘散的反方向(上风向处)寻找逃生通道。特别注意不要高声喊叫,防止吸入过多的烟雾和有毒气体。驾驶营运客车在隧道行驶遇到火灾事故时,驾驶人首先要安全停车,坚持"先人后己"原则,及时疏散乘客下车逃生。

驾驶机动车遇车辆出现燃烧现象,应迅速离开车内,以免对呼吸道造成伤害或发生窒息。发动机着火时,要迅速关闭发动机,用灭火器或覆盖法灭火,不得开启发动机舱盖灭火。燃油、电器着火时,可用路边沙土、棉衣、工作服进行灭火,不能用水灭火。救火前,要脱去所穿的化纤服装,以免伤害暴露的皮肤。救火时,要站在上风处,瞄准火源灭火,不要张嘴呼吸或高声呐喊,以免烟火灼伤上呼吸道。

10. 车辆落水的应急处置

机动车不慎意外落水后,要等到水快浸满车厢时,再设法开启车门或摇下车窗玻璃逃生。车门无法开启时,可选择敲碎侧窗玻璃的自救方法逃生。不可用迅速关闭车窗阻挡车内进水,短暂闭绝空气,打电话告知救援人员失事地点的方法等待救援。

二、高速公路紧急避险

1. 高速公路紧急情况避险

高速公路行车紧急情况避险的处理原则是"先避人后避物,先减速后转向,遇到紧急情况时不要轻易急转向避让"。除遇障碍、发生故障等必须停车外,不准停车上下人员或者装卸货物。机动车在高速公路上发生故障需检查时,要选择在服务区、应急车道停车,不得在行车道上抢修。机动车因故障暂时不能离开应急车道或路肩时,驾乘人员要迅速下车,在护栏以外安全的地方等候。机动车发生故障或者交通事故,无法正常行驶时,必须由救援车、清障车拖曳、牵引,不得由同行机动车拖曳、牵引。

机动车在高速公路上行驶,遇有雾、雨、雪且能见度为 100～200m 时,应开启雾灯、近光灯、示廓灯、前后位灯,车速不超过 60km/h,与同车道前车保持 100m 以上的距离。高速公路遇大雾视线受阻,应及时减速,能见度小于 50m 时,应从最近的出口尽快驶离高速公路。在高速公路上遇分流交通管制时,应在交通警察的指挥下有序的行驶。

机动车在高速公路发生交通事故后,要尽快疏散人员,开启危险报警闪光灯,正确放置危险警告标志。驾驶客车遇非常情况或者发生事故时,要力所能及地将损失降到最低限度,决不能因紧急避险而造成二次事故或更大的损失。

车辆在高速公路隧道内出现故障时,只要车辆还能继续行驶,应尽可能把车驶出隧道。当车辆无法驶出隧道时,要打开危险报警闪光灯,在车后方 150m 以外设警告标志,并通过紧急电话向高速公路管理中心报警。车上人员必须迅速离开车辆转移到紧急停车带、逃生通道或其他安全的地点等待救援。

2. 发生"水滑"的处置

雨天在高速公路行车,为避免发生"水滑"现象而造成方向失控,要降低车速。雨天发生"水滑"现象时,双手握稳转向盘,缓抬加速踏板减速,逐渐降低车速行驶。

3. 雾天遇到事故的处置

大雾天在高速公路遇事故不能继续行驶时,开启危险报警闪光灯和雾灯,车上人员尽快离开机动车,站到防护栏以外安全的地方,沿高速公路应急车道行走到车后150m以外设置警告标志。

4. 意外碰撞护栏的处置

在高速公路行车意外碰撞护栏时,要握稳转向盘,迅速向碰撞一侧转向,切忌向相反方向大幅度转向或左右猛转转向盘。

5. 遇到横风的处置

机动车驶出高速公路隧道出口时,如遇横风会明显出现方向偏移的情况,因此,在到达隧道出口时要握稳转向盘,预防出口处的强横向风(图6-117)。

遇到横风时的应急处置

通过高速公路跨江、河、海大桥时,可能会遇到横风,要控制好方向(图6-118)。在高速公路行驶遇到横风时,应紧握转向盘,减速行驶。

图6-117

图6-118

6. 紧急情况停车的处置

机动车在高速公路上发生故障必须停车检查时,要选择在应急车道或路肩停车,不得在行车道上抢修。停车后,要开启危险报警闪光灯,在车后150m处设置故障警告标志,夜间还要开启示廓灯和后位灯,驾乘人员要迅速下车,在护栏以外安全的地方等候。

课题六　典型事故案例分析

案例1:

一辆以110km/h的速度在城市道路上行驶的小型载客汽车,与一辆小型货车发生追尾事故后,驾驶人弃车逃离时被群众拦下。经鉴定,小型客车驾驶人血液中的酒精浓度为135.8mg/100mL。

事故分析:小客驾驶人违法醉酒驾驶、超速行驶导致了这起事故的发生,且驾驶人存在肇事逃逸行为。

案例2:

夜间,一辆大型货车在没有路灯的城市道路上,一直开着远光灯以90km/h的速度行驶,在通过一窄路时加速抢道,迫使对面驶来的一辆小型客车撞上右侧护栏。

事故分析:大型货车驾驶人不按规定使用灯光、超速行驶、不按规定会车的行为,导致了这起事故的发生。

案例3:

一辆大型客车早上6时从始发站出发后,连续行驶至上午11时,行经一临崖路段处,坠于公路一侧垂直高度8.5m的陡坎下,造成13人死亡、9人受伤。

事故分析:客车驾驶人违法疲劳驾驶导致了这起事故的发生。

案例4:

一辆13时10分从高速公路0公里处出发的中型客车,下午14时10分行至该高速公路125km加200m处时,与前方一货车发生追尾碰撞,客车驶出西南侧路外边坡,造成11人死亡、2人受伤。

事故分析:中型客车驾驶人1h行驶了125.2km,属于违法超速行驶。

案例5:

一辆乘载53人(核载47人)在高速公路行驶的大型客车,行至454km加100m处,被一辆重型半挂牵引车追尾,导致大客车翻出路侧护栏并起火燃烧,造成17人死亡、27人受伤。

事故分析:加重了这起事故的后果是大客车的违法超员行为。

案例6:

一辆乘载44人(核载44人)的大型卧铺客车在结冰路面以50km/h的速度行驶,行至540县道58km加500m处时,客车侧滑翻下公路,造成15人死亡、27人受伤。

事故分析:大型卧铺客车驾驶人违法超速行驶行为,导致了这起事故的发生。

案例7:

一辆乘载27人(核载19人)的中型普通客车,行至上坡路过程中发生后溜驶出路外,坠入落差约80m的山崖,造成11人死亡、7人受伤。

事故分析:加重了这起事故后果的原因是中型客车驾驶人违法超员驾驶。

案例8:

一辆乘载54人(核载55人)的大型客车,以45km/h的速度通过一处泥泞路段时,客车侧滑驶出路外坠入深沟,导致14人死亡、40人受伤。

事故分析:客车驾驶人的违法超速行驶行为,导致了这起事故的发生。

案例9:

一辆载有84.84t(核载15.58t)货物的重型自卸货车,行至34km加623m处,与前方同向行驶的一辆载有45.85t(核载1.71t)货物的货车追尾碰撞后,侧翻撞向路边人群,造成19人死亡、17人受伤。

事故分析:两货车驾驶人的违法超载行为,导致了这起事故的发生。

案例10:

一辆搭载22人的轻型厢式货车,行驶至某公路79km加150m处时,坠入道路一侧山崖,造成12人死亡、10人受伤。

事故分析:轻型厢式货车驾驶人的违法载客行为,导致了这起事故的发生。

案例11:

持有A2驾驶证的驾驶人驾驶一辆大型卧铺客车,行驶至219国道226km加215m处转弯路段时,坠入道路一侧山沟,致16人死亡,26人受伤。

事故分析:驾驶人违法驾驶与准驾车型不符的大型卧铺客车行为,导致了这起事故的发生。

案例12:

一辆中型厢式货车,行至一弯道路段时,以40km/h的速度与一辆乘载19人的正三轮载货摩托车发生正面相撞,造成10人死亡、9人受伤。

事故分析:中型厢式货车超速行驶,三轮载货摩托车不按信号灯指示行驶,导致了这起事故的发生。

案例13:

一辆大型客车,乘载57人(核载55人),从19时连续行驶至次日凌晨1时至3008km加110m处,因客车左前胎爆裂,造成12人死亡、22人受伤的特大交通事故。

事故分析:驾驶人疲劳驾驶、客车超员的行为,导致了这起事故的发生。

案例14:

一辆大型客车,乘载74人(核载30人),以38km/h的速度,行至一连续下陡坡转弯路段时,客车翻入路侧溪水内,造成17人死亡、57人受伤。

事故分析:驾驶人驾驶超员客车、超速行驶的行为,导致了这起事故的发生并加重了事故后果。

案例15:

一辆乘载21人(核载35人)的大型客车在海湾大桥上,以50km/h速度行驶(该路段限速40km/h),因制动失灵坠入海中,造成13人死亡、8人受伤。客车行驶途中,驾驶人察觉到制动装置有异常但未处理。

事故分析:驾驶人违法驾驶具有安全隐患的客车且超速行驶的行为导致了这起事故的发生。

案例16:

一辆大客车,乘载33人(核载22人),行至7km加300m处时,客车失控坠入山沟,造成10人死亡、21人受伤。事后经酒精检测,客车驾驶人血液酒精含量为26mg/100mL。

事故分析:客车驾驶人违法酒后驾驶超员客车的行为,导致了这起事故的发生。

案例17:

一辆乘载45人(核载40人)的大型卧铺客车,以40km/h以上的车速行至一连续下坡急转弯路段处,翻下100m深的山崖,造成17人死亡、20人受伤。

事故分析:卧铺客车驾驶人违法驾驶超员客车、超速行驶的行为,导致了这起事故的发生并加重了事故后果。

案例18:

一辆乘载54人(核载55人)的大客车,3时40分,行至高速公路229km加300m处,在停车下客过程中,被后方驶来的一辆重型半挂车追尾,造成26人死亡,29人受伤。事后查明,重型半挂车驾驶人从昨日18时许出发,途中一直未休息。

事故分析:客车驾驶人违法停车,货车驾驶人违法疲劳驾驶行为,导致了这起事故的发生。

案例19:

一辆乘载33人(核载19人)在高速公路上行驶的中型客车,行至163km处时,以120km/h的速度与停在最内侧车道上的一辆因事故无法移动的小客车(未设置警示标志)相撞,中型客车撞开右侧护栏侧翻,造成16人死亡、15人受伤。

事故分析:中型客车驾驶人违法驾驶超员客车超速行驶,小客车未按规定违法设置警示(告)标志的行为,导致了这起事故的发生。

案例20：

一辆实载47人(核载35人)在高速公路上行驶大型卧铺客车,行至938km时,因乘车人携带的大量危险化学品在车厢内突然发生爆燃,造成41人死亡,6人受伤。

事故分析：客车违法超员、乘车人违法携带易燃易爆危险物品,导致了这起事故的发生。

案例21：

一辆经过改装的乘载64人(核载9人,其中62人为幼儿园学生)的小型客车,占用对向车道逆向行驶时与一辆重型自卸货车正面碰撞,造成22人死亡、44人受伤。

事故分析：客车驾驶人违法驾驶非法改装的超员车辆逆向行驶,导致了这起事故的发生。

案例22：

一辆乘载28人(核载55人)大型客车,由南向北行至一无交通信号控制的交叉路口,以50km/h的速度与由东向西行至该路口的一辆重型半挂牵引车(核载40t,实载55.2t)侧面相撞,造成12人死亡、17人受伤。

事故分析：大型客车违法超速行驶、重型自卸货车超载,导致了这起事故的发生。

案例23：

一辆在高速公路上行驶的重型半挂牵引车,载运37.7t货物(核载25t),行至一下坡路段,追尾碰撞一辆在应急车道内行驶的重型自卸货车(货箱内装载3.17m³黄土并搭乘24人),造成16人死亡、13人受伤。

事故分析：重型半挂牵引车违法超载、重型自卸货车违法载人在应急车道内行驶,导致了这起事故的发生。

案例24：

一辆行驶的低速载货汽车,运载4.05t(核载1.2t)货物,行驶至314省道51km加260m处,在越过道路中心线超越前方同向行驶的车辆时,与对向正常行驶的中型客车(乘载12人,核载11人)正面相撞,造成10人死亡、2人受伤。

事故分析：主要是由于低速载货汽车违法超载、超车和超员,导致了这起事故的发生。

课题七　交通事故救护及常见危险化学品处置

一、交通事故救护

1. 事故处置原则

行车中遇有前方发生交通事故，需要帮助时，协助保护现场，并立即报警。遇交通事故受伤者需要抢救时，及应时将伤者送医院抢救或拨打急救电话。

驾驶机动车发生交通事故后，应注意是否有燃油泄漏、管路破裂的情况，避免意外情况出现。在事故现场抢救伤员的基本要求是"先救命、后治伤"。受伤者在车内无法自行下车时，可设法将其从车内移出，尽量避免二次受伤。遇伤者被压于车轮或货物下时，要设法移动车辆货物，不得拉拽伤者的肢体将其拖出。

2. 昏迷不醒的伤员急救

抢救昏迷失去知觉的伤员，要在抢救前先检查呼吸，再进行具体施救。搬运昏迷失去知觉的伤员要采取侧卧位。

3. 失血伤员的急救

抢救失血伤员时，要先采取止血措施。采用指压止血法为动脉出血伤员止血时，拇指压住伤口的近心端动脉位置。止血可使用绷带、三角巾和止血带包扎，在没有绷带急救伤员的情况下，可用毛巾、手帕、床单、棉质衣服、长筒尼龙袜子等代替绷带包扎，不能用麻绳或细绳缠绕包扎，救助失血过多出现休克的伤员要采取保暖措施。

4. 烧伤伤员的急救

救助全身燃烧伤员，可采取向身上喷冷水灭火的方法，不得用灭火器、沙土覆盖火焰等方法灭火。烧伤伤员口渴时，可喝少量的淡盐水。

5. 中毒伤员的急救

救助有害气体中毒伤员，要在第一时间将伤员将中毒人员移出毒区，移送到有新鲜空气的地方，脱去接触有毒空气的衣服，用清水清洗暴露部位，防止伤员继续中毒。救助中毒伤员时，非专业人员不得对实施保暖、人工呼吸、胸外心脏按压等直接接触方法进行救护。

6. 骨折伤员的处置

抢救骨折伤员时,注意不要移动身体骨折部位。伤员骨折处出血时,要先止血,然后固定包扎伤口。对无骨端外露的骨折伤员肢体固定时,要超过伤口上下关节。抢救脊柱骨折的伤员,要用三角巾固定,需要移动时,切勿扶持伤者走动,要用硬担架运送。伤员大腿、小腿和脊椎骨折时,一般不要随便移动伤者。

二、常见危险化学品

1. 常见危化品的特性

危险化学品具有爆炸、易燃、毒害、腐蚀、放射性等特性。火药、炸药和起爆药属于爆炸品。火柴、硫黄和赤磷属于易燃固体。易燃液体一旦发生火灾,不能用水扑救。腐蚀品着火时,不能用水柱直接喷射扑救。

2. 常见危险化学品的个人安全防护

因交通事故造成有害气体泄漏后,进入现场抢救伤员时,抢救人员须佩戴空气呼吸器或用湿毛巾捂住口鼻。扑救易散发腐蚀性蒸气或有毒气体的火灾时,扑救人员应穿戴防毒面具和相应的防护用品,站在上风处施救。

3. 危化品运输特殊情况处理

道路危险货物运输驾驶人、装卸人员和押运员必须了解所运载的危险化学品的性质、危害特性、包装容器的使用特性和发生意外时的应急措施。在交通事故现场,一旦遇到有毒有害物质泄漏,一定要第一时间疏散人员,并立即报警。

液化石油气罐车在运输途中发生大量泄漏时,要切断一切电源,戴好防护面具和手套,关闭阀门制止渗漏,组织人员向上风方向疏散。

附录 道路交通标志标线

道路交通标志标线请扫描下方二维码查看。

附录

参考文献

[1] 机动车驾驶证申领和使用规定(公安部令第162号,2021年).
[2] 机动车登记规定(公安部令第164号,2021年).
[3] 道路交通安全违法行为记分管理办法(公安部令第163号,2021年).
[4] 中华人民共和国交通运输部,中华人民共和国公安部.《机动车驾驶培训教学与考试大纲》[M].北京:人民交通出版社股份有限公司,2016.
[5] 中华人民共和国交通运输部.《安全驾驶从这里开始:适用车型C1,C2,C3》[M].3版.北京:人民交通出版社股份有限公司,2016.
[6] 范立,金兴民,顾燏鲁,等.驾校经营导航[M].北京:人民交通出版社,2014.